KB064473

니체의 마지막 선물

일러두기 ————————————

1 『니체의 마지막 선물』은 한국 독자의 이해를 돕기 위해, 원서 목차의 순서
   일부를 바꾸고 본문 일부를 윤문하였습니다.

2 특히 본문의 사진 전체, 그리고 아래 인용문은 원서에 없으며 한국어판만
   특별히 추가 게재된 것입니다.
   · 77쪽 『의지와 표상으로서의 세계』
   · 78쪽 『비극의 탄생』
   · 154쪽 『선악의 저편』
   · 173쪽 『인간적인, 너무나 인간적인』
   · 176쪽 『차라투스투라는 이렇게 말했다』
   · 191쪽 『선악의 저편』

KYOYO TO SITE MANANDEOKITAI NIETZSCHE
Copyright © 2021 Yuichiro Okamoto
Original Japanese edition published by Mynavi Publishing Corporation.
Korean translation rights arranged with Mynavi Publishing Corporation
through The English Agency (Japan) Ltd. and Danny Hong Agency.

니체의
마지막
선물

오카모토 유이치로 지음
김윤경 옮김

이번이 두 번째 삶일 수 있습니다

클레이하우스
CLAYHOUSE

두 번째 삶을 시작할 준비가 되었는가?

인생을 다시 살 수 있다면 얼마나 좋을까. 누구나 한 번쯤 이런 상상을 해봤을 것이다. 시간을 되돌릴 수 있다면, 후회와 실수를 바로잡고 훨씬 나은 삶을 살 거라고 말이다. 그런데 말이다. 만약 당신이 지금 살고 있는 삶이, 바로 그 두 번째 인생이라면 어떻게 하겠는가?

철학자 중에도 비슷한 상상을 했던 이가 있다. 바로 프리드리히 니체다. 그는 19세기가 저물어갈 무렵 니힐리즘의 도래를 예언한 철학자로, 스위스 실바플라나 호숫가를 산책하던 중 '영원회귀'라는 아이디어를 떠올렸다. 우리가 한 번만 사는 게 아니라, 같은 삶을 영원히 반복해서 살고 있다면? 좋은 일과 나쁜 일, 기쁨과 슬픔이 똑같이 반복된다면? 니체는 이런 질문을 통해 우리에게 선물을 남겼다. 바로, 현재의 삶을 그 자체로 사랑하고, 몇 번을 똑같이 살더라도 후회 없이 멋지게 사는 법이다.

앞으로 우리는 니체가 전하는 일곱 가지 인생 조언을 살펴보려 한다. 그런데 왜 하필 니체인가? 사실 그의 철학은 정통적인 스타일이 아니다. 논리적이고 체계적으로 주장을 펼치는 대신, 메시지를 짧고 강력하게 표현한 '아포리즘'을 자주 사용했다. 평가도 극단적으로 갈린다. 현대철학의 문을 열었다는 말도 듣지만, 행적을 보면 기인이나 괴짜라는 말이 어울린다. 여러모로 교과서 같은 철학자와는 거리가 멀다.

그런데 신기하게도 수많은 철학자 중 니체의 인기가 유독 압도적이다. 죽은 지 무려 200여 년이 지났지만, 오늘날까지 진 세계적으로 인기가 시들 줄 모른다. 후대의 여러 철학자는 물론, 에드바르 뭉크나 살바도르 달리, 헤르만 헤세 같은 예술가와 작가, 오늘날의 아이돌 가수나 라이트노벨 소설, 만화 주인공에게도 영향을 끼쳤으니, 이런 철학자는 어디에도 없다. 과연 니체의 매력이 무엇이기에 이토록 많은 사랑을 받는 걸까.

그 근본적인 이유는 니체가 고민한 문제가 우리 삶과 맞닿아 있기 때문이다. 니체의 책을 한 번도 읽어본 적 없는 사람도 실은 그의 손바닥 위에서 춤추고 있다고 해도 될 정도다. 사람들이 왜 그토록 두 번째 삶을 꿈꾸겠는가? 누구도 완벽하게 살 수 없기 때문이다. 그렇다면 어떻게 후회를 줄이고, 내가 원하는 나로 살 수 있을까? 고통과 불안, 허무를 다스릴 방법은? 만족스러운 삶을 살려면 무엇을 해야 하는가? 이런 현실적인 고민이 바로 니체가 다룬 주제들이다.

이처럼 니체의 철학은 형이상학적 고민이 아닌

현실의 문제를 다룬다. 그리고 그 해답을 정확한 시대 인식 위에서 찾고자 했다. 그는 다가올 두 세기, 즉 20세기와 21세기가 니힐리즘(허무주의)의 시대일 거라 예언했다. 그리고 예언은 실제로 이루어졌다. 예전에는 진리나 옳고 그름, 아름다움의 가치가 따로 정해져 있었다면, 오늘날은 다양성이 인정되는 상대주의의 시대다. 누구나 자유롭게 자신만의 기준과 가치를 내세울 수 있게 됐지만, 그걸 찾지 못해 불안과 허무를 느끼는 사람도 많다. 니체는 일찌감치 이와 같은 상황을 예견했고, 그런 혼란 속에서 자기만의 중심을 찾는 방법을 발견한 것이다.

'망치를 든 철학자', '전복의 철학자'라는 별명답게, 그 조언은 도발적이며 세상의 상식을 뒤집기도 한다. 그야말로 초인의 지혜다. 이를 통해 독자들은 인생의 문제들에 대한 자신만의 답을 찾고, 진정한 행복과 삶의 의미를 생각하게 될 것이다.

이 책은 니체의 철학을 깊게 다루지 않는다. 그

대신 핵심 개념을 실용적이고 간결하게 전하려 했다. 또한 같은 주제를 다른 각도에서 여러 번 다룬다. 반복되는 내용도 있으나, 구체적 내용은 조금씩 다르다. 각각의 주제는 밀접하게 연결되어, 이해의 폭을 점점 확장할 수 있도록 했다. 전체를 아울러 이해해 주길 바란다.

사실 세상에는 니체에 관한 책이 이미 많이 나와 있다. 처음에는 거기에 굳이 한 권을 더 보탤 필요가 있을까 싶었지만, 사람들이 그의 사상을 잘 이해하고 있는 것 같지 않았다. 또, 내가 평소 이야기하던 메시지를 다룬 책도 없었다. 그래서 누구나 쉽게 이해하고 삶에 적용할 수 있도록 니체의 핵심 메시지를 일곱 개로 정리했다. 독자가 각자 상황에 맞게 적용하면서, 이렇게 상상해보면 좋겠다. "내가 니체라면 이 세상이, 그리고 나의 삶이 어떻게 보일까?"

바로 이 물음에 이 책을 쓴 의도가 함축되어 있다. 니체는 우리가 철학을 배우는 목적이 박식해지기 위해서가 아니라, 더 나은 사람이 되기 위해서라고 말했다. 새로운 지식을 쌓거나 현실을 초월하는 일이 아니라, 오히려 내 마음을 확실하게 바라보고 현실을 제대로 살아가게끔 돌보는 일이다. 일상에서 미처 깨닫지 못했던 삶의 기쁨을 재발견하는 일이다. 니체를 어려운 철학자가 아니라 가까운 친구처럼 생각하면 좋겠다. 자, 지금부터 마음의 문을 활짝 열고 그가 건네는 선물을 받으러 가보자.

차례

1장

가면을 사랑하라

생의 기쁨을 만드는 다면성의 힘

모든 심오한 정신에는 가면이 필요하다. 그뿐만 아니라 모든 심오한 정신의 주변에는 끊임없이 가면이 생기고 자라난다. 그가 말하는 한마디 한마디, 한 걸음 한 걸음, 그가 부여하는 모든 생의 기호가 끊임없이 잘못된 해석에 노출되기 때문이다.

- 『선악의 저편』 중에서

　오늘날 사람들에게 가장 잘 알려진 철학자 명단을 뽑으면, 니체의 이름은 당연히 들어갈 것이다. 세계 어느 나라에서도 마찬가지다. 그가 이토록 많은 사랑을 받는 이유가 뭘까? 지금부터 몇 가지 에피소드를 통해 살펴보도록 하자.

　1889년 1월 3일, 이탈리아 토리노의 카를로 알베르토 광장. 친구에게 편지를 부치러 가는 길이었는지 하숙집으로 돌아가는 길이었는지 정확하지는 않지만, 어쨌든 니체는 그곳에 있었다.

　광장에는 평소처럼 수많은 사람과 승객을 기다리는 마차와 택시로 가득했다. 그런데 문득 니체의 눈에 늙은 말 한 마리가 들어왔다. 마차를 끌던 그 말은 힘에 부쳤는지 잠시 머뭇거렸다. 그러자 마부는 별다른 망설

임 없이 채찍을 거칠게 내리치기 시작했다. 그 장면을 본 니체는 그대로 말에게 달려가 끌어안고 눈물을 흘리다가 그만 정신을 잃고 만다.

마치 영화의 한 장면 같은 이 일화가 어디까지 사실인지는 모른다. 하지만 그날 토리노의 광장에서 쓰러진 이후, 니체는 여러 사람에게 다음과 같은 편지를 보냈다.

내가 인간이라는 것은 편견입니다. 나는 인도에 살던 무렵에는 부처였고, 그리스에서는 디오니소스였습니다. 알렉산드로스 대왕과 카이사르는 나의 화신이며, 볼테르와 나폴레옹이었던 적도 있습니다. 바그너였던 적이 있는 것 같기도 합니다. 십자가에 매달린 적도 있습니다. 사랑하는 아리아드네에게 디오니소스가.

누가 봐도 제정신이 아닌 것 같은 내용이었다. 편지를 받은 사람들은 당연히 건강을 염려해 그를 찾아갔고, 결국 몇 주 후 니체는 정신병원에 입원한다.

니체는 한때 자신의 정신적 스승이었던 리하르트 바그너의 아내인 코지마 바그너에게도 편지를 보냈다. 그녀는 위대한 음악가인 프란츠 리스트의 딸로, 니체와도 오랜 친분이 있었다. 그런데 그 편지에서 니체는 마치 자신이 코지마의 배우자라도 된 것처럼 썼다.

몇 달 전까지만 해도 친구 프란츠 오버베크에게 곧 인류의 역사를 두 동강 낼 만큼 위대한 책이 나올 것이라 자신만만하게 말하던 니체였지만, 안타깝게도 정신이 먼저 무너지고 말았다.

왜 우리에겐 가면이 필요한가

오늘날 그가 앓았던 정신적 문제의 원인은 뇌경색으로 추정된다. 한때 매독에 걸렸다는 설도 있었으나, 남아 있는 당시 의료 기록에 매독 후유증을 보이지는 않아 사실이 아닌 걸로 밝혀졌다. 편지의 이상한 내용을 징신질환에 의한 것으로만 여길 수도 있다. 하지만 '다면성'은 정신 질환을 앓기 전부터 니체가 무척 사랑한, 그의 철학의 매우 중요한 특징이다.

니체는 "모든 심오한 정신에는 가면이 필요하다"라고 말하면서, 가면이라는 형태로 빚어내는 다양한 인격의 가치에 대해 긍정적으로 말했다. 과연 '전복의 철학자'라는 별명이 어울린다. 사실 가면이나 다면성이라는 말이 부정적으로 느껴질 수 있다. '너는 왜 가면을 쓰고 살아?'라는 말을 친구에게서 듣는다고 생각해보라.

하지만, 동시에 우리는 다면성의 긍정적인 면도 이미 잘 알고 있다. 여러 '부캐(온라인 게임에서 유래한 용어로 주 캐릭터가 아닌 부수적인 캐릭터-옮긴이)'를 연기하며 대중의 사랑을 받는 예능인의 모습이나, 직장에서는 말수 적고 차분하던 사람이 퇴근 후에는 격정적인 스포츠를 즐기는 모습을 떠올려보라.

다면성에는 인격의 다면성뿐 아니라, 심리, 지식, 사회의 다면성도 있다. 뒷장에서 더 자세히 다루겠지만, 이를 '관점주의'로도 설명할 수 있다. 과거에는 종교, 신분, 직업 등이 거의 정해져 있어서 사람들은 대부분 비슷한 모습으로 살아갔다. 하지만 현대사회에서 우리는 정말 다양한 모습으로 살아간다. 개인의 개성과 취향이 점점 더 중요해지면서, 각자 자신만의 행복을 추구하기 때문이다. 그렇게 다원화된 사회에서 가면과 다면성은 우리가 즐겁게 인생을 살아가기 위해 꼭 필요한 것이 되었다.

새는 알에서 나오려고 투쟁한다

하지만 여기서 하나 짚고 넘어갈 것이 있다. 니체가 찬양하는 가면은 우리가 되고 싶은 존재, 살고 싶은 삶을 위한 것이지, 싫어하는 가면을 억지로 쓰고 살라는 말은 아니다.

세상에는 우리가 쓰고 싶은 가면도 있지만, 거부하고 싶은 가면도 있다. 사회가 강요하는 가면이 바로 그것이다. 일심히 공부해서 좋은 대학, 좋은 직장에 가서 좋은 배우자를 만나 결혼하고 아이를 기르는 삶…. 요즘 세대는 별로 동의할 수 없겠지만, 과거에는 이런 것들이 행복의 척도였다. 니체도 처음에는 그런 코스를 잘 밟은 것처럼 보인다.

1844년 독일에서 태어난 니체는 원래 고전문헌학을 전공했다. 말 그대로 옛 문헌을 통해 민족이나 시대의 문화를 역사적으로 연구하는 학문이다. 그는 대학생 시절 고전문헌학계의 권위 있는 교수에게 인정받은 일을 계기로 그리스·로마의 고전문헌을 연구하기 시작했는데, 정말 젊은 나이부터 두각을 나타냈다. 불과 스물넷에 스위스 바젤대학교에 원외교수가 되었고, 이듬해에는 정교수로 부임했다. 제대로 된 학위 논문도 없이 오직 가능성과 평판으로만 최연소 교수가 된 것으로, 매우 파격적인 발탁이었다. 누가 봐도 앞으로의 미래가 탄탄대로로 보였다.

그로부터 3년 후에 『비극의 탄생』이 출간된다. 이 책은 니체의 첫 번째 책이자 매우 중요한 책이었지만, 동시에 엄청난 문제작이었다. 우선 자신을 믿고 발탁해준 스승 프리드리히 빌헬름 리츨부터 자신이 아꼈던 수제자의 책을 "술에 취해 쓸데없는 얘기를 장황하게 늘어놓은 책"이라며 심하게 혹평했다.

예나 지금이나, 스승에게 그런 평가를 받게 되면 학자로서 입지가 좁아지게 된다. 결국 니체는 고전문헌학계에서 평판이 떨어져 사실상 추방과 다름없는 처분을 받는다. 스승은 물론 후배나 주변 사람들도 니체를 전혀 인정하지 않았고, 누구도 니체의 강의를 수강하지 않았다. 책이 나온 다음 학기, 그의 수업에 등록한 학생은 고작 비전공 학생 몇 명이 전부였다.

심혈을 기울인 첫 책이 혹평받은 사건은 인생의 전환점이 됐다. 만약 『비극의 탄생』이 고전문헌학계에서 인정받았다면 어땠을까? 어쩌면 오늘날 우리가 알고 있는 위대한 철학자 니체는 탄생하지 않았을지 모른다.

이제 니체는 선택해야 했다. 사회의 요구에 순응하는 삶을 살 것인가, 아니면 자신이 살고 싶은 삶을 살 것인가? 이후 니체는 자신에게 '천재', '최연소 교수'라는 칭호를 붙여준 고전문헌학자라는 정체성을 버리고 철학자라는 새로운 정체성을 택하기로 결심한다. 그는 철학과 교수직으로 옮기고 싶다는 요청이 거절당한 이후, 서른다섯이라는 젊은 나이에 대학을 떠난다.

이후 니체가 대학에서 강의하는 일은 없었다. 이 사건은 로마 제국을 이끈 위대한 사상인 스토아철학의 출발점을 떠오르게 한다. 부유한 상인이었던 키티온의 제논은 배가 난파되어 막대한 재산을 잃는 비극적인 사건을 겪은 뒤에야 철학을 공부해 스토아철학을 창시한다. 니체 역시 그때까지 자신이 이룬 모든 것을 내려놓은 뒤에야 진정한 철학자가 되었다.

바젤대학교에서 퇴직한 니체는 적극적으로 집필에 몰두해 철학자로서 전성기를 보낸다. 하지만 이 기간은 고작 10년 정도다. 마흔다섯이 채 되지 않은 나이에 니체는 토리노의 광장에서 정신을 잃어버렸고, 그로부터 10여 년간 광기의 경계를 넘나들다가 생애를 마친다.

　앞으로 자세히 살펴보겠지만, 이처럼 그의 삶은 자신을 둘러싼 세상의 틀과 맞서는 투쟁의 연속이었다. 하지만 그는 그 여정에서도 명랑함을 잃지 않았다. 그의 자전적 이야기를 담은 말년의 작품으로 『이 사람을 보라』가 있다. 이 책에는 그의 개성이 잘 드러나 있는데, 목차만 봐도 저절로 웃음을 짓게 된다. '나는 왜 이렇게 현명한가?', '나는 왜 이렇게 영리한가?', '나는 왜 이렇게 좋은 책을 쓰는가?' 하는 식의 장 제목이 나열되어 있기 때문이다. 다른 사람의 시선은 전혀 신경 쓰지 않은 채, 이렇게 대놓고 자기 자랑부터 시작하는 철학자는 니체밖에 없지 않을까.

자신을 계속 넘어서는 삶

　가면이라는 비유를 써서 표현했지만, 다면성은 사실 우리 모두에게 있는 특성이다. 학생, 직장인, 기혼자, 부모 등 우리는 계속해서 새로운 정체성을 만들며 살아간다. 이를 자연스럽게 받아들이고, 자기 자신마저도 계속해서 넘어서는 삶이 바로 니체가 추구한 것이다.

당연히 어려움도 많았다. 그는 특이하고 괴짜 같은 삶만큼이나 인간관계도 무척 흥미로운데, 그야말로 불화와 파국의 연속이다.

니체의 첫 책 『비극의 탄생』은 그가 새롭게 스승으로 모신 두 사람에 대한 찬사로 가득하다. 바로 철학자 아르투어 쇼펜하우어와 음악가 리하르트 바그너다. 특히 그는 아버지뻘인 바그너에게 깊이 빠져들었다. 존경을 넘어 숭배라고 해도 좋을 정도로 떠받들었다. 하지만 어느 시기부터는 완전히 관계를 끊었을 뿐만 아니라, 오히려 신랄하게 비판한다.

공교롭게도 이런 현상은 여러 사람에게 되풀이된다. 이와 관련해서 니체가 쓴 흥미로운 글이 있다.

언제까지나 제자로만 머물러 있는 것은 스승에 보답

니체의 마지막 선물

하는 좋은 방법이 아니다.

은사를 넘어설 수 있어야 비로소 진정한 제자가 된다는 도발적인 선언이다. 이 문장은 『차라투스트라는 이렇게 말했다』에도 쓰여 있으며 『이 사람을 보라』에도 쓰여 있다. 스스로 '진정한 제자'가 되겠다는 신념이 꽤 강했던 것 같다.

그렇게 생각하면, 고전문헌학을 사사한 리츨에게 고전문헌학적 방법론과 거리가 먼 『비극의 탄생』을 내밀어서 불화를 일으킨 것도 필연이었을지 모른다. 은사 밑에서 편하게 안주했더라면, 위대한 철학자 니체는 없었을 것이다. 청출어람이라는 말도 있지만, 사실 그의 방식은 동서고금의 많은 철학자가 스승을 대하는 일반적인 태도와는 완전히 다르긴 하다.

『비극의 탄생』에서 극찬했던 쇼펜하우어와 바그너에 대한 니체의 태도는 14년 사이에 완전히 달라진다. 같은 책의 제2판을 출간할 때는 「자기비판의 시도」라는 서문을 추가했는데, 거기서 쇼펜하우어와 바그너를 혹독하게 비판했다. 이처럼 언뜻 모순 같아 보이지만, 길게 보면 일관되게 반복하고 있는 스승에 대한 태도도 니체의 매우 흥미로운 특징이다.

'이쯤 되면 니체의 성격이 이상한 거 아닌가?' 하는 의문을 품을 수도 있겠지만, 사실 그럴 만한 이유가 있다. 처음에 니체는 '삶은 고통이고, 살아야 할 의미나 이유는 없다'라는 쇼펜하우어의 관점에 동의했다. 거기서 잠시라도 벗어날 수 있는 수단이 바로 예술이며, 그걸 현실에 가장 잘 구현한 것이 바그너의 오페라였다. 하지만 니체는 점차 그들과 다른 생각을 품는다. 그들에게 현실의 삶은 부정적이고 외면할 대상이지만, 니체는 오히려 삶의 그런 면까지 긍정하고 사랑할 대상으로 보이기 시작한 것이다.

존경했던 스승들과 결별을 한 니체는 이내 자신에게 걸맞은 새로운 가면을 발견한다. 바로 고대의 예언자 차라투스트라였다. 1883년은 니체의 대표작 『차라투스트라는 이렇게 말했다』 1부 원고가 완성된 해이다. 그리고 동시에 옛 스승 바그너가 세상을 떠

니체의 마지막 선물

난 해이기도 하다.

삼각관계에 빠진 철학자

❋

니체의 스승들에 관해 이야기한 김에, 잠시 가벼운 가십거리도 하나 살펴보자. 철학자로서의 위상과는 별개로, 그의 사생활은 그다지 본받을 만하진 않다. 특히 사랑에 있어서는 더더욱 말이다. 그는 평생 독신으로 지냈지만, 결코 여성을 싫어하지는 않았다. 몇 번 사랑에 빠진 적도 있다. 스승 바그너의 아내인 코지마에게도 강렬하게 마음이 끌렸다고 하고, 무엇보다 루 살로메, 그리고 절친했던 친구인 파울 레와의 삼각관계가 가장 유명하다.

이 이상한 관계의 중심에 있던 살로메는 외모도 능력도 모두 뛰어났다. 작가로서 명성도 있었고, 훗날 지그문트 프로이트에게 정신분석학을 사사하기도 했다.

니체는 레의 소개로 처음 살로메를 만났는데, 곧바로 사랑에 빠졌다. 비극적인 건 친구인 레 역시 살로메에게 빠져 있었다는 점이다. 오랫동안 서로에게 애정 가득한 비판과 조언을 해주던 두 친구의 우정은 결국 파국으로 치닫고 만다.

하지만 이들이 벌인 다툼이 무색하게, 살로메는 둘 모두에게 이성적 관심이 없었다. 그녀는 니체와 루의 지성에는 매력을 느꼈던 것 같지만, 연인으로 보았다고는 도저히 생각할 수 없다. 그녀는 니체와 레에게 삼자 동거를 제시했는데, 조건은 어디까지나 서로 철학과 예술만 논의하는 정신적 관계로만 지내자는 것이었다. 사랑에 있어 철저한 '을'이 된 니체와 레는 일단 조건을 받아들였지만, 결국 거듭 청혼을 거절당한 니체가 먼저 집을 떠났고, 나중에는 살로메가 레를 떠난다.

니체가 이성적인 감정을 느꼈던 이들의 회상록이나 편지 등을 살펴보면, 니체는 자신의 이성적 매력을 어필하거나 연인으로서 관계를 맺는 법에는 그다

니체의 마지막 선물

지 능숙하지 못했던 것 같다.

이러한 이유 때문인지 『차라투스트라는 이렇게 말했다』를 비롯한 몇몇 작품에는 여성에 대한 멸시적 표현이 종종 등장한다. 오늘날에는 꽤 불편하게 느껴질 수 있는 부분이다. 그에게 '약자 혐오자', '여성 혐오자'라는 낙인이 찍힌 이유이기도 하다. 물론 시대적 한계나 사상적 맥락 등을 동시에 살펴야겠지만, 어쨌든 니체가 여성과의 관계가 원활하지 않았음을 보여주는 흔적이다.

제자로서 스승을 순순히 잘 따르지 못했으며, 남자로서는 인생을 함께 살아갈 멋진 동반자를 만들지 못했다. 인간관계에서 상당히 큰 어려움을 겪은 것으로 보인다.

어떻게 삶을 사랑하느냐고? 새 가면을 찾아라!

🌼

다시 가면 이야기로 돌아가자. 니체에게는 진짜

■■■ **살로메, 레, 니체(왼쪽부터).**
　세 사람의 복잡하면서도 묘한 관계를 보여주는 사진. 살로메는 이들
과 헤어진 뒤, 유명 시인이자 자신보다 열다섯 살이나 연하였던 라
이너 마리아 릴케와 사귀기도 했다.

인격과 가짜 인격이라는 구분이 없다. 비슷한 처지에 함께 고생하던 친한 친구가 홀로 크게 성공했다고 치자. 당연히 친구로서 기쁘고 축하해주고 싶겠지만, 설령 시기하고 질투하는 마음이 조금 들더라도 자연스러운 일이다. 이 경우 '나'의 진심은 무엇인가? 아마도 둘 다일 것이다.

가면이 아닌, '진정한' 자신을 찾아서 있는 그대로 드러내야 한다는 발상이 애초에 니체에겐 없다. 그렇기에 더더욱 '가면을 사랑하라'고 하는 것이다. 사람은 모두 그때그때 상황에 따라 가면을 바꾸며 산다는 것이 니체의 생각이다. 이렇게 상황에 따라 다른 캐릭터로 바꾸는 건, 사실 굉장히 자연스러운 일이다. 사랑하는 아이에겐 장난기 많고 다정다감한 부모가 직장에서는 말수 적고 엄격하다고 해서 이상한 일은 아니지 않은가?

니체는 연기하는 걸 좋아했다. 니체와 그의 친구인 레, 그리고 살로메가 함께 찍은 유명한 사진이 있다. 마차를 타고 있는 살로메가 니체와 레에게 채찍

질하려는 듯한 포즈를 취한 이 사진은 니체가 직접 포즈를 제안해 촬영한 것이라고 한다. 그의 장난기를 잘 보여주는 장면이다. 이처럼 그는 그때그때 어울리는 가면을 쓰는 걸 즐겼다.

그런데 어떤 사람은 끊임없이 '진짜 나'를 찾아다닌다. 그러면서 다른 사람도 그걸 알아차려 주기를 바란다. 하지만 니체에게는 어딘가에 '진짜 자신'이란 게 있다는 발상은 잘못된 플라톤주의일 뿐이다. 플라톤주의란 어떤 것의 본질이 현실이 아니라 '이데아'와 같은 다른 어딘가에 존재한다는 믿음이다. 니체에게 그런 태도는 행복을 가져다주기는커녕, 오히려 삶을 우울하게 만든다.

어떻게 현재의 삶을 사랑할 수 있는가? 많은 이가 고민하는 문제에 대한 니체의 해답은 이것이다. 너 자신이 마음에 드는 가면을 찾아라, 그리고 상황에 따라 그 가면을 계속해서 바꿔 쓰라. 그러면서 삶의 모든 순간을 즐겨라! 그는 『즐거운 학문』에서 이렇게 선언한다. "우리는 허물을 벗고 매년 봄마다 새로운 껍질을 입는다. 그러면서 점점 젊어지고 미래로 나아가며 더 강해진다."

우리는 니체가 연 세상을 살고 있다

철학자 니체가 매력적으로 느껴지는 데에는 여러 가지 이유가 있다. 그가 오늘날 우리가 살고 있는 세계관의 토대를 만드는 데 결정적으로 기여한 인물이라는 점도 그중 하나다. 그는 "내가 누구인지 당장 알아차리기는 어려우리라. 하지만 100년만 기다려보자. 그땐 인간을 탁월하게 이해하는 천재가 나타나서 니체라는 이를 무덤에서 발굴할 것이다"라는 편지를 남기기도 했다.

아닌 게 아니라, 오늘날 우리는 무의식적으로 니체의 사고관을 깊이 받아들이며 살고 있다. 예를 들어 "이 세상에 무조건 옳은 것이 있다고 생각하시나요?"라든가 "이 세상에 절대적으로 좋거나 아름다운 것이 있을까요?"라는 질문을 들으면 어떤 대답이 떠오르는가? 대부분 "그런 게 있을 리 없죠" 하는 반응을 보일 것이다.

'이것이 절대적으로 옳다'라거나 '이것이 절대적으로 아름답다' 같은 말을 중세 시대 사람들이 들었다면 대부분 고개를 끄덕였을 것이다. 하지만 오늘날 우리는 그런 말을 들으면 대부분 차갑게 반응한다. 그보다는 '사람마다 각자의 옳은 것이 다르다' 혹은 '사람에겐 저마다의 미의 기준이나 사고방식이 있다'라고 생각한다. 이런 생각은 회의주의, 상대주의, 니힐리즘 등에 가까운데, 특히 니체는 니힐리즘을 이론의 형태로 다듬었다.

이처럼 니체의 영향력은 철학의 세계뿐 아니라, 오늘날 우리가 당연하게 받아들이고 있는 상식의 세계를 지배할 만큼 엄청나다. 엄밀히 말하면, 이런 상대주의적 세계관을 니체 혼자 만든 건 아니다. 하지만 분명한 건 그가 이런 흐름을 미리 내다보고 있었다는 점이다.

다음 장에서 더 자세히 다루겠지만, 니체는 '다음에 다가올 두 세기는 니힐리즘의 시대다'라는 예언을 남겼다. 그는 20세기를 눈앞에 두고 세상을 떠났으므로 다음 두 세기란 20세기와 21세기를 가리킨다. 여기서 말하는 '니힐리즘'은 절대적인 가치나 기준, 의미, 목적 같은 것이 모두 없어지는, 즉 모든 가치가 상대적이 된 시대라는 걸 의미한다. 니체는 '신의 죽음'을 선언한 철학자로 잘 알려져 있는데, 이는 자신이 신을 죽였다는 선언이 아니다. 이미 일어난 현상을 사람들에게 널리 알린 것이다. 즉, 매사 절대적인 기준이 있었던 '신의 시대'는 이제 완벽하게 무너져, 20세기 그리고 21세기가 되어도 복원되지 않는다는 뜻이다.

신의 죽음과 니힐리즘의 시대에 관한 니체의 선언은 『즐거운 학문』과 『힘에의 의지』 등에 쓰여 있다. "신은 죽었다"라는 선언처럼, 니체는 이것이 필연적인 현상으로, 이미 도래한 것이며 다른 방법은 없다고 말한다.

그러면 그런 니힐리즘의 시대에 우리는 무엇을 할 수 있는가? 절대적인 가치나 삶의 목적 같은 기준이 없어지면, 그때는 무엇이 옳다고 믿고 살아야 하며, 또 어떻게 살아야 하는가? 그냥 하루하루 무의미하게 살아야 하는가? 니체는 신의 죽음을 알리면서, 뒤이어 말한다. "이제 우리는 어떻게 스스로 위로할 것인가?" 니체 이후 사상가들의 고민은 대개 이런 질문에 초점이 맞춰져 있다.

하나 주의할 점은 니체가 니힐리즘이라는 말로 표현한 것이 무조건적인 현실 도피나 '수동적 허무주의'와는 거리가 멀다는 것이다. 오히려 니체는 그런 태도를 매우 부정적으로 보았다. 한때 열렬한 지지자이자 정신적 스승이었던 쇼펜하우어와 바그너를 맹렬히 비판하면서 결별하게 된 근본적인 이유이기도 하다.

니체 이전의 니힐리즘은 전혀 긍정적이지 않고 삐딱하고 부정적인 이미지가 강했다. 또한, 어떤 특별한 정의가 내려져 있지도 않았다. 거기에 니체가

니체의 마지막 선물

'절대적이었던 가치 기준들이 없어진 것'이라고 정의하면서, 새로운 니힐리즘이 태어난 것이다.

그는 부정적이고 수동적인 허무주의 대신 긍정적이고 능동적인 허무주의의 입장을 취했다. '신의 죽음' 이후 모든 인간은 각자 스스로 자기 삶을 일구고 중요한 가치와 의미를 세워나가야 한다. 그리고 이 세상은, 그리고 인간의 삶은 원래 의미가 없으며 고통으로 가득하다. 하지만 우리는 그런 현실을 그대로 받아들이면서도, 새로운 의미를 창조해내고 고통을 기쁨으로 바꿔놓을 수도 있다. 다면성 역시 그것을 가능하게 하는 훌륭한 도구 중 하나다.

"우리는 행복을 발명해냈다." 예언자 차라투스트라의 가면을 쓰고, 니체는 이렇게 선언한다. 그는 이처럼 상대주의적이고 다원주의적 관점을 노골적으로 선언한 동시에, 우리가 새로운 가치와 행복을 어디서 찾아야 하는지 알려주는 사상가다. 니체에 대한 옹호자와 비판자 모두 그가 제기한 문제의식을 공유한다는 점에서, 우리는 모두 그의 후예라 할 수 있다. 니체의 철학이 오늘날까지 우리를 매료시키고 가슴을 뛰게 만드는 이유다.

니체의 다양한 얼굴들

지금까지 살펴본 것처럼, 니체는 생전에 다양한 가면을 즐겨 썼다. 그리고 사후에도 그의 의사와 상관없이 다양한 가면이 씌워졌다. 그중에는 니체와 꽤 어울리는 가면도 있지만, 어울리지 않는 가면도 많다. 그러므로 니체에 관한 책을 읽을 때는 신중해야 한다. 저자가 어떤 관점에서 니체를 바라보는지 잘 파악할 필요가 있다.

실존주의자?

20세기 초중반에는 주로 니체를 실존주의의 선구자로 이해했다. '실존이 본질에 앞선다'라는 유명한 실존주의 격언처럼, 이 사상은 인간이 스스로 선택을

니체의 마지막 선물

통해 자아와 가치관, 삶의 의미를 형성해가는 존재라고 주장한다. 이렇게 '인간이란 자기 자신을 극복해나가는 존재'라는 식으로 니체를 이해한 사람이 바로 실존주의 철학자 칼 야스퍼스와 마르틴 하이데거 등이다.

작가로도 유명한 장 폴 사르트르나 알베르 카뮈역시 그의 영향을 받았다. (물론 카뮈는 스스로 실존주의자가 아니라고 말했지만.) 이런 실존주의자로서 니체의 이미지는 '어두운 니체'라고도 표현할 수 있다. 인생의 필연적인 고뇌와 고통, 그리고 자신 앞에 던져진 삶을 진지하게 고민하는 니체의 모습이 실존주의적 해석의 중요한 한 방향이 되었다.

인종차별주의자?

1930~40년대에는 니체가 나치에 이용된 일이 있다. 그의 저작을 나치에 넘긴 사람은 다름 아닌 여동생 엘리자베스 니체다. 그녀는 오빠가 남긴 원고와 메모들을 짜깁기하여 책을 편찬했는데, 대표적인 것

이 1901년에 출간된『힘에의 의지』다. 또한 나치가 니체의 철학에 관심을 두자, 거기에 적극적으로 협력했다. 나치 독일의 지도자 아돌프 히틀러는 니체의 신봉자였는데, 정확히는 니체의 '초인' 개념이 자신에게 딱 들어맞다고 여긴 것이다. 하지만 니체는 오히려 당대 유럽 사회에 만연했던 유대인에 대한 집단적인 차별을 혐오했다.

또한 어떤 이들은 니체의 사상에서 우생학적 사고관을 발견하기도 한다. 당시에는 찰스 다윈의 진화론이 선풍적인 인기를 끌고 있었는데, 이것이 민족, 문화, 국가 간에 우열이 있다는 사회진화론으로 왜곡되었다. 그리고 '인간이라는 종(種)을 키운다'는 표현, 강자와 약자를 구분하는 니체의 사상이 바로 그걸 뒷받침한다는 것이다. 이런 사상은 나치뿐 아니라 전 세계에 널리 퍼져서 제국주의 국가들의 침략을 정당화하는 이론으로 쓰였다.

예를 들어, 니체는 글에서 '금발의 야수'라는 표현을 사용했다. 나치는 이 표현이 독일 민족의 기원인

아리아인(중앙아시아 초원 지대에서 살다가 기원전 1500년 무렵 인도와 이란에 정착한 인도 게르만 계통의 민족-옮긴이)을 묘사한 거라고 해석했다.

하지만 이는 본래 그리스 영웅시대에 관한 묘사였다. 니체는 사회가 강요하는 도덕을 '노예 도덕'이라고 비판했는데, 그걸 거부하고 자신만의 가치를 좇는 영웅을 높이 평가했다. 실제로 니체가 비판하는 '약자'가 바로 이와 같은 노예 도덕을 생각 없이 따르는 사람이다. 반대로 니체가 말하는 '강자'란 설령 사회적·물리적 약자라 할지라도, 자신만의 가치를 좇는 강한 의지를 지닌 사람이다.

이러한 니체의 철학 개념은 나치에 의해 왜곡되었고, 그에겐 인종차별과 약육강식을 옹호하는 무자비한 철학자라는 낙인이 찍히고 만다. 실제로 니체 철학에 강한 영향을 받은 하이데거는 나치 독일의 핵심 사상가로 협력하기도 했다. 결국 나치에 의해 잘못 씌워진 가면은 나치 독일이 패배한 이후로도 한동안 계속 유지되었다. 제2차 세계대전의 종전 후에도 니체의 책은 금서가 되거나, 이름을 언급하는 것조차 꺼리는 풍조가 있었다.

당연히 명백한 오해다. 이 주제를 여기서 더 깊게 다루진 않겠지만, 애당초 니체가 세상을 떠난 해가 1900년이다. 히틀러가 나치당의 지도자가 되고 독일을 통치한 것이 1933년부터이니, 기간부터 크게 차이가 난다.

포스트모더니스트?

니체를 꺼리는 상황이 바뀐 것은 1960년대 후반에서 1970년대쯤이다. 당시 유럽과 미국에서는 사상적·문화적으로 포스트모더니즘(이성 중심적인 근대로부터의 탈피를 추구한 사상으로, 20세기 중반에서 후반에 걸쳐 폭넓은 분야에서 유행했다-옮긴이)이 크게 유행했는데, 이 시기엔 앞선 해석과는 또 다른 형태의 니체가 세상에 널리 알려졌다.

니체가 지닌 다면성과 경쾌함, 융통성 같은 특성들이 조명을 받은 것이다. 포스트모던 철학자 장 프랑수아 리오타르는 '거대한 이야기는 끝났다'는 표현을 사용했는데, 이는 니체가 주장한 니힐리즘과 연결되어 있다. 이런 포스트모던 철학자들에게 주목받은 덕분에, 니체는 세상을 떠난 지 120여 년이 지난 오늘날까지 이름이 거론되며 현대적인 사상가라는 느낌을 주고 있다.

자기계발 사상가?

니체의 사상은 오늘날에는 자기계발적으로 해석되는 경우가 많다. 베스트셀러 『초역 니체의 말』 같은 도서나 "나를 죽이지 못하는 것은 나를 더 강하게 만든다"라는 식의 문구들이 대중적으로 큰 인기를 얻고 있기 때문이다. 실제로 니체가 한 말 중에는 오늘날 자기계발에 적합한 문장이 꽤 많다. 당연히 그렇게 재해석될 수도 있는 거지만, 처음부터 니체가 자기계발을 의식했던 것은 아니다.

니체 철학의 근본적인 물음은 어디까지나 니힐리즘이라는 현실 문제를 어떻게 인식하고 대처할 것이냐는 것이다. 그런 의미에서는 니체가 살아가는 데 위로나 보람을 얻기 위해, 또는 개인적 이익을 얻기 위해 자기 발전을 추구하자는 식의 발상을 떠올렸을 리 없다.

얼리어답터?

마지막으로 얼리어답터로서의 면모를 살펴보자. 니체의 매력은 현대적 사상 외에도 그가 쓴 글의 감각에서도 한껏 발휘된다. 보통 철학자의 글은 대부분 딱딱한 논문 형식이 많은 데 비해, 니체의 글은 매우 간결하면서도 읽는 사람의 마음에 날카롭게 파고드는 아포리즘 형식이 많다. 그가 왜 이런 형식의 문체를 썼는지 그 이유에 대해서는 지금까지 다양하게 연구되어 왔다.

독일의 문학평론가이자 미디어 이론가 프리드리히 키틀러는 『축음기, 영화, 타자기』에서 이렇게 해석한다. 니체는 대학을 그만둘 무렵 거의 실명이나 다름없을 정도로 시력이 나빠졌는데, 마침 그 무렵에

발매된 타자기를 일찌감치 사용해 글을 쓴 것이 독특한 문체의 주요 원인이라는 것이다. 타자기를 사용하면 매우 솔직하고 짧은 형태의 글로 표현하기 쉽다. 자연스럽게 이것이 니체 특유의 문체가 되었다는 설명이다.

실시간 화면으로 자신이 쓰고 있는 글을 볼 수 있는 컴퓨터나 눈앞의 종이에서 바로 확인할 수 있는 수기와는 달리, 니체가 사용하던 타자기는 타이핑하는 동안 자신이 쓴 글을 바로 확인할 수 없다. 글을 완전히 다 쓴 다음에야, 마침내 내용을 확인할 수 있다. 일단 머릿속에 떠오른 발상을 계속 이어서 쓸 수밖에 없다. 당연히 일반적인 논문 형식의 글을 쓰는 게 더 어려웠을 것이다.

수기에서 타이핑 방식으로의 변화는, 오늘날 우리가 편지 대신 스마트폰 메신저로 짧은 메시지를 주고받게 된 것과 비슷할 정도의 파급력이 있었을 것이다. 키틀러의 표현을 빌리자면 니체의 글은 전보를 칠 때 주로 사용하는 '전보 문체'다. 이러한 특성이 일반적인 철학자와 다른 새로운 문체를 탄생시켰다고 하는 해석이 무척 흥미롭다.

지금까지 니체의 다양한 모습을 살펴봤다. 이것 외에도 다양한 해석이 있는데, 그만큼 그의 철학이 문학적이면서도 강렬한 메시지를 내포하고 있다는 뜻일 것이다. 앞에서도 살짝 언급하기는 했지만, 사실 '힘에의 의지', '강자와 약자' 같은 개념을 떠올리면 대부분 지배나 복종 같은 이미지를 떠올리는 것은 어쩌면 당연하다.

아포리즘의 형태로 도발적인 주장을 하면서, 이런 식의 오해와 편견이 생길 것을 니체는 전혀 자각하지 못했을까? 그 또한 약간 미묘하다. 그는 약자에 대해 '그런 불완전한 사람은 어쩌면 좋은가? 그런 건 사라져버리라고!'라는 식의 말을 내뱉기도 했는데, 누가 봐도 오해를 사기 쉬운 표현이다.

하지만 어쩌면 이것조차 니체의 의도는 아니었을까? 이런 식의 오해와 재해석이 오히려 자기 철학에

니체의 마지막 선물

끊임없이 생명력을 불어넣으리라는 걸 알고서, 일부러, 씨익 웃으면서….

2장

자기 자신의 신이 되어라

니힐리즘의 진정한 가치

오늘날 벌어진 가장 큰 사건―바로 '신은 죽었다'는 것, 기독교 신에 대한 신앙이 힘을 잃었다는 것―은 이미 유럽에 그 그림자를 던지기 시작했다. 적어도 이런 상황에 날카로운 시선으로 의혹을 품은 소수에겐 틀림없이 태양이 몰락하고 오래되고 깊은 확신이 회의로 바뀐 것처럼 보인다. 그들에겐 옛 세계가 날로 쇠퇴해가고 '낡아져 가는' 것처럼 보일 게 분명하다.

- 『즐거운 학문』 중에서

"왜 사람을 죽이면 안 되는 건가요?"

예전에 한 고교생이 텔레비전 방송에서 저명한 평론가들에게 물은 적이 있다. 평론가들은 각각 입장에서 대답했지만, 그중에서 질문자를 명쾌하게 만족시킨 사람은 아무도 없었다.

누군가는 의아하게 생각할 수도 있다. 그 질문은 너무도 당연해서 따로 이유를 찾고 말고 할 것도 없는 것처럼 생각할 수 있기 때문이다. 하지만 "그럼 전쟁터에서도 사람을 죽이면 안 되는가?", "나와 가족을 해치려는 살인자도 죽이면 안 되는가?"와 같은 질문까지 연결해보면, 결코 간단한 질문이 아니라는 것을 알 수 있다.

궁극적으로 사람을 죽이면 안 되는 까닭은 결국

궁극적으로는 '사람을 죽이지 말 것!'이라는 규율이 사회적·제도적으로 정해져 있다는 것 이외에 다른 근거를 제시하기가 무척 어렵다.

이 질문에 대한 답변은 예전에는 간단했다. 신이 내려준 계명에 '살인하지 말라'고 쓰여 있다고 답하면 그만이었으니까. 물론 요즘에는 그런 식의 답변에 순순히 고개를 끄덕일 사람이 별로 없다. 왜냐하면 지금 우리는 니체가 말한 '신의 죽음' 이후의 시대를 살고 있기 때문이다.

"신은 죽었다"라는 선언은 니체의 격언 가운데 사람들에게 가장 널리 알려진 말이다. 사실 무신론자의 대표자처럼 여겨지는 니체지만, 사실 그의 집안은 종교 색채가 매우 강했다. 그가 다섯 살 되던 해에 세상을 떠났던 아버지도 목사였고, 어머니 역시 목사의 딸이었다. 니체 또한 조용하고 신중한 성격 때문에 어린 시절 친구들에게 '꼬마 목사'라고 놀림을 받기도 했다.

신앙심 깊은 집안에서 자란 니체는 자라서 '신의

죽음'을 세상에 선언하는 철학자가 되었다. 오늘날에는 특별히 놀랄 말은 아니다. 우리는 이미 일부 독실한 종교인을 제외하면, 일상의 영역에서는 모든 행동의 판단 기준을 '신의 뜻' 같은 것에 두지 않으니까.

다시 말해, 선악을 판별하고 어떤 것의 가치가 있고 없음을 판단하는 궁극적인 기준이 사라졌다. 모든 사람에게 어떤 상황에서도 통용되는 절대적 기준이 있느냐고 물었을 때, 그 누구도 그런 게 있다고 대답하지 않을 것이다. 상황에 따라 기준이 얼마든지 바뀔 수 있다는 걸 모두 잘 알고 있기 때문이다.

하지만 문제가 하나 더 있다. 우리가 '신의 죽음' 이후를 살아가고 있다면, 어떠한 형태로든 그걸 대신할 것을 찾아야 한다. 그래야 "왜 사람을 죽이면 안 되는가?", "인생에서 중요한 가치는 무엇인가?", "우리는 대체 어떻게 살아야 하는가?"와 같은 질문들에 대답할 수 있을 게 아닌가.

처음으로 '신의 죽음'을 선언한 사람은?

'신의 죽음'의 의미를 다루기 전에, 먼저 그 말의 출처부터 짚고 넘어가자. 사실 이 말을 처음으로 한 사람은 니체가 아니다. 게오르크 헤겔, 필립 마인랜더 등 18~19세기 철학자들이 이미 자주 이야기한 개념으로, 니체는 그 개념을 일종의 패러디(원본을 비틀어 새로운 메시지를 만들어내는 문학의 표현 형식-옮긴이)를 통해 활용했다.

패러디는 니체가 무척 즐긴 형식이었다. 니체의 데뷔작 『비극의 탄생』의 제목에서 알 수 있듯이, 그는 처음에 그리스 비극을 굉장히 사랑했다. 자신의 대표작 『차라투스트라는 이렇게 말했다』도 처음에는 비극 형식으로 쓰였다가, 나중에 구상을 변경했다. 조로아스터교를 창시한 고대 페르시아의 예언자 차라투스트라의 입을 빌려 자신의 철학을 펼치기로 한 것이다. 이 책은 일종의 패러디 모음집이라고도 할 수 있는데, 배경 지식을 알고 읽으면 곳곳에 재미있는 요

소가 많다.

아무튼 이처럼 비극에서 패러디로의 전환은 니체 철학에서 가장 중요한 결정이었다. 니체가 사용한 '르상티망', '니힐리즘', '신의 죽음' 같은 개념들은 모두 원출처가 있는 패러디다. '초인' 역시 원래는 그리스 시대부터 존재한 말로, 독일의 대문호 괴테의『파우스트』에서도 언급됐었다. 니체보다 조금 앞선 시대를 살았던 음악가 베토벤도 자기 자신을 초인이라고 부른 적이 있다.

니체는 그 말들의 출처와 맥락에 관해 딱딱하게 설명하는 대신, 자기 뜻대로 자유롭게 사용했다. 자칫 학문적 엄밀성이 떨어진다고 비판할 수도 있겠지만, 그보다는『즐거운 학문』이라는 자신의 책 이름처럼 유쾌하고 즐겁게 '놀이'와 '웃음'이라는 키워드를 활용해 철학을 했다고 볼 수 있다. 이와 관련한 자세한 내용은 7장에서 다시 살펴보겠다.

'신은 죽었다'는 말의 진짜 의미

신의 죽음이란 새로운 시대를 알리는 선언에 가깝다. 사람들이 기독교의 신을 절대적으로 믿지 않게 됐다는 직접적인 의미인 동시에, 절대적인 가치와 진리에 대한 우리의 믿음이 사라졌다는 사실을 단적으로 표현한 것이기도 하다. 즉, '신은 죽었다'라는 말은, 이제는 니힐리즘, 허무주의의 시대가 열렸다는 선언이다.

니힐리즘의 시대에서 중요한 건, 단순히 기독교의 신을 믿는지 안 믿는지 여부가 아니다. 이제 더 이상 우리가 절대적으로 믿고 따를 기준점이 없다면, 옳고 그른 걸 구분하거나 의미 있고 가치 있는 걸 알아볼 수도 없을 것이다. 당연히 엄청난 혼란이 일어나지 않겠는가? 그런 세상에서 개인은 어떤 가치를 이정표로 삼을 수 있을까?

질문에 답하기 전에, 러시아의 대문호 도스토옙스키의 소설『카라마조프가의 형제들』을 살펴보자.

이 책은 삼 형제와 그들 아버지의 살인 사건 재판을 중심으로 이야기가 펼쳐진다. 왜 갑자기 러시아 소설을 이야기하느냐면, 니힐리즘이라는 용어가 원래 러시아에서 유래되었기 때문이다. 마찬가지로 러시아 작가인 이반 투르게네프의 소설『아버지와 자식』에서는 절대적 가치와 도덕을 전혀 믿지 않는 사람이 니힐리스트로 묘사되어 있다.

또한 당시에는 러시아의 혁명가들, 즉 황제를 폐위시키려는 혁명가도 니힐리스트라고 불렀다. 니체는 이러한 사실을 신문을 통해 접했을 것이다. 물론 혁명가들이 내세우는 정의를 믿지 않았지만, 절대적인 권위를 타도하려는 그들의 태도에는 큰 인상을 받았던 것 같다. 니체는 혁명의 '이미지'를 독일로 가져오려고 했고, 그것이 바로 니힐리즘의 기본 발상이 되었다.

다시 작품 얘기로 돌아가면, 『카라마조프가의 형제들』의「대심문관」이라는 작중 이야기에는 "신이 존재하지 않는다면 모든 것이 용서된다"라는 문장이 나온다. 인간이 서지르는 행위에 대해 "왜 그 행위가 나쁩니까?" 하는 물음이 주어졌을 때, 최종적으로 그 행위를 판단하는 것은 "신이 용서하지 않을 거다"라는 절대적인 금지 사항이다. 즉, 신이 그 판단을 보증하는 것이다. 그런데 신이 없어진다면? 자연스레 그 행위를 금지하는 근거도 사라진다.

다시 말해, '왜 사람을 죽이면 안 되는가?'라든지 '왜 도둑질을 해서는 안 되는가?' 하는 물음에 대해 그 행위를 금지하는 근본적인 이유를 캐물으면, 결국 대답은 모호해지고 만다.

과거에는 그 행위를 부정하는 근거로 '신이 허락하지 않기 때문'이라는 사고관이 있었다. 하지만 이제 신에 대한 절대적 믿음이 깨진 니힐리즘의 시대가 되었으니, 이와 같은 규율을 금지할 명분도 없어지게 된다. 즉, "신이 존재하지 않으면 모든 것이 용서된다"라는 논의가 성립된다.

인간의 시대가 열리다

이 지점에서 '신'의 자리를 대신 차지한 것이 바로 인간의 '이성'이다. 17세기의 과학혁명과 18세기의 산업혁명은 유럽은 물론 전 세계의 모습을 완전히 뒤바꾸기 시작했다. 이성, 합리성, 과학은 신의 죽음으로 비어 있는 왕좌를 완벽하게 차지한 것처럼 보였다. 하지만 이내 그들도 한계를 드러낸다. 두 차례의 세계대전, 인종차별과 유대인 학살과 같은 끔찍한 사건들이 '이성, 합리성, 과학'의 이름으로 벌어지고 만 것이다.

이에 관련해 프랑크푸르트학파 철학자들은 이성에 내재된 폭력성을 비판한다. 테오도어 아도르노와 막스 호르크하이머는 공저 『계몽의 변증법』에서 니체와 사드 후작이 근본적으로 같은 문제의식을 지녔다고 말한다. 이번 장의 맨 처음에 다룬 질문, 살인을 금지하는 데 합리적이고 이성적인 근거를 부여할 수 있는가 하는 문제에 대해 니체와 사드 후작의 답은 같다. 그런 건 애낭초 불가능하다는 것이다. 이들의 주장에 아도르노와 호르크하이머도 동의했다. 그래서 그들은 신이나 이성을 대신할 또 다른 무언가를 찾는 대신, 그저 모든 것을 비판적으로 바라보는 관점 자체를 강조한다.

이미 신은 죽었고, 그 대안으로 나타난 이성도 실패했다. 대안은 없을까? 다시 니체의 선언으로 돌아가 보자. 그는 신의 죽음이라는 사건을 한 미치광이의 입을 빌려 알린다.

> 우리가 신을 죽였다. 너희와 내가! 우리는 모두 신을 죽인 자들이다! (……) 살인자 중의 살인자인 우리는 이제 어떻게 스스로를 위로할 것인가?
>
> -『즐거운 학문』 중에서

신은 저절로 죽은 게 아니라 인간에 의해 살해됐으며, 죽은 신을 대신해 마침내 인간의 시대가 탄생했다는 것이다. 오늘날 유전자 조작 같은 과학기술이

화제에 오르면 인간이 감히 신의 역할을 대신해서는 안 된다는 사람들이 있다. 하지만 그런 식의 말이 나오는 것 자체가 이미 인간이 그 역할을 대신하고 있다는 뜻이다. 이제 모든 판단의 기준점은 인간 스스로 세워야 한다. 문제는 사람마다 생각이 다르다는 것이다. 그런데 여러 사람의 생각과 입장이 갈릴 때, 문제를 해결할 가장 손쉬운 대안이 있다. 바로 다수결이다.

이제 우리는 사물의 참과 거짓, 선과 악, 그리고 아름다움과 추함을 판단하는 방법으로 그 가치를 지지하는 사람 수가 많은지 적은지 따지게 되었다. 이 방식을 정치적으로는 민주주의라고도 하고, 많은 사람에게 인정받은 쪽이 진리라고 하는 '진리의 합의 이론'이라고도 한다.

하지만 이런 식의 관점에도 문제는 있다. 우리가 흔히 쓰는 오합지졸이라는 말처럼, 많은 사람이 모였다고 해서 그들의 의견이 반드시 옳다고는 할 수 없기 때문이다.

니체 역시 같은 생각이었다. 그는 사람들이 모여서 힘을 행사하는 것을 '집단 본능'이라고 표현하면서 기본적으로 인정하지 않았다. 이러한 입장 때문에 니체는 반민주주의자라는 낙인이 찍히기도 했다. 도덕이나 진리에 관해서도 마찬가지다. 그저 많은 사람이 뭉쳐서 모두 같은 것을 믿고 있다는 이유로 진리라고 부른다면, 자신은 그것을 절대 인정하지 않겠다고 말한다.

그렇다면 니체는 대체 무엇을 말하고 싶은 것인가? 제대로 된 대안도 없이, 이것도 싫고 저것도 싫다는 건가? 사람들이 이렇게 비판하기 시작하면, 니체는 이렇게 대답할 것이다. 당연히 인간이 기준이 되어야 하지만, 기준점이 되는 인간은 모두가 될 수 있는 게 아니라고. 오직 자격이 있는 소수의 인간만이 진짜 진리가 무엇이고 도덕이 무엇인지 규정할 수 있다고.

니체의 마지막 선물

철학자의 어두운 그림자

❋

상당히 위험하게 해석될 수 있는 발언이다. 실제로 니체는 후대 철학자들로부터 엘리트주의적이라는 비판을 받기도 했다. 사실 맞는 말이다. 아마 니체 역시 자신에 대한 그런 비판을 완전히 부정하지는 않을 것이다.

그는 우리가 각자 자신만의 가치를 세우고 욕망을 추구하는 '정신적 귀족', '초인'이 되어야 한다고 말했다. 반대로 가치와 욕망의 기준을 스스로 세우지 못하고 타인이나 세상에 의존하는 이를 '노예'라고 부르며 경멸했다.

이런 식의 거친 표현은 사람들의 오해를 사기 쉽다. 니체가 나치의 사상가, 인종차별주의자라는 오해도 이 지점에서 시작됐다. 나치는 그의 사상을 적극적으로 왜곡해서 프로파간다로 활용했다. '약자와 강자'나 '짐승의 무리' 같은 개념을 자신들의 우생사상으로 연결했다. 나치가 왜곡한 니체의 철학은, 그야말로 인류가 만들 수 있는 가장 나쁜 **본보기**를 만들고 말았다.

그런데 이 우생사상은 나치만 가졌던 나쁜 사상이 아니다. 오늘날까지도 전 세계 곳곳에 퍼져 문제를 일으키고 있으며, 선진국으로 꼽히는 미국이나 유럽 사회도 예외는 아니다. 일본 역시 20세기 말까지 우생보호법이라는 법률을 통해, 유전병이 있는 사람에게 강제로 불임 수술을 시키는 끔찍한 일을 저질렀다. 니체의 사상이 잘못 활용되면 얼마나 위험해질 수 있는지 알 수 있다. 하이데거와 야스퍼스 같은 실존주의 철학자나 포스트모던 철학자도 니체의 사상을 적극 재발견하긴 했지만, 역사에 미친 영향력으로 따지면 나치식 프로파간다가 가장 강력했다고 혀를 찰 만하다.

이런 왜곡에는 사실 니체에게도 일부 책임이 있다. 그는 '약자와 강자'에 관해 말할 때 약자를 '불완전한 사람'이라고 표현하기도 했다. 그러면서 불완전한 자는 사라져버리라는 식의 극단적 표현도 사용했다. 불완전한 사람들이 모여 다수결의 힘으로 '도덕'을 만들어내고, 그걸로 진짜 능력 있는 강자를 끌어내리려고 하는 걸 경멸했기 때문이다. 니체는 이런 현상을 민주주의와 도덕 개념의 가장 큰 문제점으로 보았다. 능력 없는 사람들이 모여 능력 있는 사람을 끌어내리려 하고, 잘못된 기준을 정당화해서 사회를 지배하는 문제를 어떻게든 해결해야 한다는 것이 니체의 생각이었다.

너 자신의 신으로 살아라

철학자 중에서 민주주의를 부정적으로 인식했던 사람이 니체만 있는 것은 아니다. 고대 그리스의 대표적인 철학자 플라톤 역시 민주주의에 부정적이었다. 그는 『국가론』에서 '철인 통치'를 주창했는데, 여기서 철인이란 단순히 똑똑한 사람이 아니라 정치에 관한 올바른 지식을 가지고 있는 사람이다. 철인은 민주적 방식인 다수결이 아니라 올바른 지식에 따라 판단하는 엘리트적인 리더로서, 플라톤은 철인을 양성하기 위한 엄격한 과정을 구체적으로 묘사하기도 했다.

이러한 맥락에서 정신적 귀족이나 초인 개념을 생각하면, 니체가 무슨 생각으로 그 개념들을 제시했는지 이해가 될 것이다. 오늘날 우리는 신의 죽음이라는 현실을 피할 수 없다. 이 슬로건은 쉽고 선명하다. 종교적 신앙의 차원뿐만 아니라 그 어떤 것도 절대적 기준점이 될 수 없는 니힐리즘의 시대를 알리는 말이다.

그런 시대일수록 중요한 것이 있다. 첫째, 혼돈에 가득 찬 현실을 명확하게 직시하는 것이다. 그리고 둘째, 그런 현실 안에서 자신만의 의미와 질서를 만들어내는 것이다. 그저 편하게 다수결에 따른다든지 다른 사람의 말에 의존하지 말고, 그 기준을 자기 스스로 치열하게 찾는 것이다. 즉, 스스로 자기 자신의 신이 되어 살라는 것이다.

우리가 이러한 경지에 이르려면 어떻게 해야 할까? 아마 노력이 꽤나 필요할 것이다. 신의 죽음으로 모든 기준점이 사라지고 나면, 필연적으로 무질서가 찾아오고 개인은 무차별적 폭력에 노출되기 쉽다. 사람을 죽이면 안 되는 이유조차 설명할 수 없다면, 우수한 지도자가 사회에 도움이 되지 않거나 불필요해 보이는 사람들을 제거하는 일이 금지될 이유가 있겠는가?

이러한 질문을 던졌던 이들이 도스토옙스키를 비롯한 러시아의 소설가들이다. 우수한 사람이 사회에 도움이 되지 않거나 불필요해 보이는 사람을 제거하려 든다면, 그것을 어떤 근거를 들어서 막을 것인가? 도스토옙스키의 말처럼, 신이 존재하지 않는 세상에서는 모든 것이 용서되지 않겠는가?

당연히 니체는 그런 막무가내 인간형을 옹호하지 않았다. 뒤에서 살펴보겠지만, 니체가 말하는 초인은 남에게 폭력을 휘두르는 제멋대로의 인간이 아니다. 운명에 맞서고 자기 자신과도 끊임없이 맞서는 자다.

우리 인생을 시시때때로 덮치는 고통을 마주 보며, 그걸 극복하는 과정을 즐기는 사람이다. 그런 사람은 니힐리즘이라는 혼란의 시대를 살면서도 결코 좌절이나 통제 불능에 놓이지 않는다. 오히려 그 혼란을 기꺼이 품고 자신만의 가치와 의미를 잉태하는 데 힘쓴다. 니체는 그런 사람에 대해 이렇게 말했다. "진정한 철학자는 (자기 자신에게) 명령하는 자이며 입법자다!"

이 말을 너무 어렵게 생각할 필요는 없다. 과거에는 좋은 대학을 나와 대기업에서 일하는 직장인이 되는 것이 행복의 척도였다. 하지만 오늘날에는 사회에서 정해놓은 기준들을 따르지 않아도, 얼마든지 행복한 삶을 살 수 있다는 걸 안다. 자신의 꿈을 좇아 길거리에서 버스킹을 하는 가수가 하기 싫은 일을 하면서 억대 연봉을 받는 직장인보다 자유롭고 행복할 수 있다.

세상과 타인의 시선을 신경 쓰지 않고 자신만의 길을 개척하는 사람, 어떤 장애물도 기꺼이 마주하고

넘어설 용기가 있는 사람, 그런 사람을 보며 니체는
웃음을 지어 보일 것이다.

3장

영원히 반복해도
좋을 하루를 살아라

영원회귀와 운명애라는 무거운 질문

미다스 왕은 인간에게 가장 좋은 것이 무엇인지 물었다. 실레노스는 가만히 입을 다물고 있다가, 마침내 웃으며 이렇게 말했다. "가엾은 하루살이 인생이여, 우연과 고통의 자식이여, 차라리 듣지 않는 게 가장 좋을진대 굳이 말하게 하느냐? 너에게 가장 좋은 것은 이루어질 수 없는 일, 즉 태어나지 않고 존재하지 않고 애초에 없는 것이다. 하지만 차선은 있으니, 그것은 곧 죽는 것이다."

- 『비극의 탄생』 중에서

살다 보면 종종 인생이 덧없거나 힘겹게 느껴질 때가 있다. 간절히 원하던 목표를 잃어버리거나, 가까운 친구나 연인과의 관계가 뜻하지 않게 틀어질 때, 문득 자신이 이 세상에서 아무런 쓸모가 없다는 생각이 들 때, 살아가는 일이 허무하게 느껴지는 것이다. 영화 〈레옹〉에서도 이런 장면이 나온다. "사는 게 원래 이렇게 힘든가요? 아니면 어릴 때만 그래요?" 어린 마틸다의 물음에 레옹은 이렇게 대답한다. "언제나 힘들지."

니체는 다가올 두 세기가 니힐리즘의 시대가 될 거라고 예견했다. 실제로 오늘날 우리는 그의 예견대로 니힐리즘의 시대를 살고 있다. 보편적인 목적과 목표가 없어진 시대적 상황을 개인의 삶과 연결하면 매우 중요하면서도 무거운 질문이 생긴다. '그렇다면 대체 인간은 어떤 가치를 위해 살아가야 하는가?' 하는 물음이다. 이것을 니힐리즘의 관점에서 대답하면 '그런 것은 아무것도 없다'는 답이 나온다.

맙소사. 솔직히 말해서 우리가 살아가는 데 전혀 도움이 안 되는 대답이다. 인생에 어떠한 의미나 목적, 나아가서는 '이걸 좇으면 반드시 삶의 보람이나 행복이 생긴다'라고 할 만한 게 없다는 게 니힐리즘의 인생관이라면, 애초에 그 가르침을 배워서 도움이 될 부분이 없다. 굳이 그런 주장을 알 필요가 있을까? 다소 극단적으로 말해서, 인생이 특별한 의미나 목적 없는 허무와 고통뿐이라면, 굳이 괴롭게 수십 년을 더 살아가느니 일찌감치 죽는 편이 더 낫지 않겠는가?

니체 역시 이러한 니힐리즘의 인생관에는 기본적으로 동의했다. 하지만 '그럼에도 불구하고' 그 삶을 그 자체로 사랑하는 것, 긍정하는 일의 중요성은 결코 포기하지 않았다. 이 말이 대체 무슨 뜻인지 지금부터 조금씩 살펴보자.

비극이 존재하는 이유

앞서 우리는 쇼펜하우어가 주장한 수동적 허무주의에 대해 간단히 살펴봤다. 수동적 허무주의는 페시미즘, 즉 염세주의라고도 불리는데, 인생은 분명히 고통스러운 것이며 살아가는 일에는 어떤 의미도 없다는 입장이다. 쇼펜하우어는 이렇게 말한다. "인생은 고통과 권태 사이에서 오락가락하는 시계추와 같다. 그러니 누구도 욕망으로 인한 고통에서 벗어날 수 없다."

니체 역시 처음에는 쇼펜하우어의 사고관에 영향을 받았다. 그 결과물이 바로 『비극의 탄생』이다. 이 『비극의 탄생』에는 다음과 같은 대화가 소개된다. 반인반수의 신 실레노스에게 인간의 왕인 미다스가 물었다. "인간에게 가장 좋은 일은 무엇인가?" 그 질문에 실레누스는 웃으면서 "듣지 않는 편이 좋을 것이다"고 운을 떼더니, 이내 "태어나지 않는 것이다"라고 대답한다.

이미 태어났으니 태어나지 않는 건 불가능하다. 두 번째로 좋은 일은 일찍 죽는 것이란다. 즉, 자살하는 편이 사는 것보다 낫다는 것이다.

쇼펜하우어의 페시미즘 사고는 '반출생주의(출산과 생식을 부정적으로 바라보고 거부하는 사상-옮긴이)'라는 사상으로 남아 있다. 오늘날에도 이 사상은 심각한 경제적 양극화와 세대·성별에 따른 사회 갈등 증대, 환경문제, 그리고 최근 수년간 지속된 코로나19 팬더믹 등으로 인해 생활에 어려움과 고통을 느낀 많은 이가 동조한다고 한다. 안타까운 일이다.

사람들은 대개 '무엇을 위해 살아가는가?' 하는 질문을 받으면, 무언가 삶의 목표나 보람 같은 걸 제시하려고 애쓴다. 설령 그게 어떤 것일지라도, 목표와 보람은 반드시 있어야 한다고 믿기 때문이다.

하지만 초창기 니체는 쇼펜하우어의 사고를 받아

들였다. 살아가는 일은 고통으로 가득 차 있으니 태어나지 않는 것이 가장 좋은 일이라 생각했다. 따라서 처음에는 살아간다는 고통에서 어떻게 벗어날지, 그 괴로운 삶에서 어떻게 도망칠지 찾는 것이 『비극의 탄생』을 쓸 무렵의 중요한 과제였다.

쇼펜하우어는 그 차선책이자 대안으로 예술에 주목한다. 삶에 대한 의지 자체가 고통을 유발하므로, 그것을 망각하게 만드는 예술이 일종의 마취제 역할을 한다는 입장이다.

아름다운 것에서 느껴지는 미학적 즐거움은 상당 부분 우리가 순수한 관조에 들어설 때 잠시나마 모든 의욕, 욕망과 관심들의 너머로 고양된다는 사실에 있다. 다시 말하면, 우리에게서 우리 자신이 제거되는 것이다. 우리는 더 이상 끊임없는 의욕을 인식하는 고통스러운 개인들이 아니게 된다.

- 『의지와 표상으로서의 세계』 중에서

니체 역시 『비극의 탄생』에서 삶의 고통에 대한 구제 수단으로서 '예술'을 꼽았다. 누구도 고통을 피할 수 없다면, 적어도 그 아픔을 위로해줄 것이 필요하다. 바로 예술의 역할이다. 이런 발상은 쇼펜하우어의 영향을 받은 것이다. 니체는 『비극의 탄생』에서 이렇게 말한다.

오늘날 문화는 갈수록 천박해지고 황폐해진다. (……) 이런 상태에서 마음 둘 곳을 잃은 외로운 인간이 선택 가능한 최선의 상징이 있다. 바로 뒤러의 〈죽음, 그리고 악마와 동행하는 기사〉다. 무쇠처럼 굳센 눈빛과 철갑옷으로 무장한 이 기사는 자신과 함께한 끔찍한 동행자들을 아랑곳하지 않고, 어떤 희망도 품지 않는다. 그저 말을 타고, 자신을 따르는 개와 함께 험난한 길을 고독하게 걷는다. 뒤러가 묘사한 이 기사가 바로 쇼펜하우어와 같다. 그는 모든 희망을 잃고도 진리를 추구했다.

- 『비극의 탄생』 중에서

■■■ 알브레히트 뒤러, 〈죽음, 그리고 악마와 동행하는 기사〉, 1513.

죽음은 늘 우리 곁에 있다. 니체는 '독일 미술의 아버지' 뒤러가 남긴
이 동판화를 긍정적으로 해석했다.

아폴론과 디오니소스의 동행

니체는 『비극의 탄생』에서 가장 훌륭한 예술로 그리스 비극을 꼽는다. 비극은 고대 그리스의 디오니소스 축제에서 유래했는데, 거기 참가한 사람들은 포도주를 마시며 집단적인 흥분 상태에 빠져 술을 마시고 밤새 춤을 춘다. 이를 통해 자기 자신을 잊고, 삶의 고통에서 벗어난다는 것이다. 하지만 그런 식의 도취가 영원히 유지될 수는 없다. 축제가 끝나면 다시 일상으로 돌아와야 하는데, 그때 활용된 것이 바로 비극이다.

니체는 그리스 비극이야말로 '아폴론적인 것'과 '디오니소스적인 것'이 가장 훌륭하게 조화된 예술 형식이라고 말했다. 디오니소스는 술의 신이자 무질서와 비이성의 신으로, 태양의 신이자 이성과 질서의 신인 아폴론과 정반대 신이다.

그런데 고대 그리스인들은 서로 전혀 다른 이 두 존재가 빛과 그림자처럼 하나로 연결되어 있다고 보

니체의 마지막 선물

았다. 디오니소스는 따로 신전이 없다. 아폴론과 델포이 신전을 공유하는데, 아폴론이 잠시 델포이를 떠나 있는 기간이라 여겨지는 11월에서 2월 사이가 바로 디오니소스가 델포이에 머무른다고 여겨진 기간이다.

예술 분야에서 조형 예술이나 시각 예술이 아폴론적인 것이라면, 춤과 음악은 디오니소스적이라고 할 수 있다. 전자는 개인이 대상과 어느 정도 거리를 둘 수 있으며 상대적으로 이성적인 미적 판단이 가능하다. 이에 반해 디오니소스적인 음악 예술은 감정적이고 집단적이며 사람의 영혼을 뒤흔든다.

살아가는 일은 고통이다. 누구도 그걸 피할 수 없다. 당연히 인간은 그런 고통에서 벗어나기를 원하는데, 가장 효과적인 방법은 예술을 통해 구원받는 것이다. 특히 그중에서도 최고는 아폴론적인 것과 디오니소스적인 것이 가장 훌륭하게 조화를 이룬 비극이다. 이것이 바로 『비극의 탄생』에서 엿보이는 니체의 예술관이다.

비극은 관객이 눈으로 볼 뿐만이 아니라 음악을 통해 서로 일체화되는 경험까지 제공하는 예술이다. 니체는 영혼을 흔드는 수단으로 음악을 중시했는데, 그리스 비극은 후대로 갈수록 소크라테스로 대표되는 이성의 힘이 점점 더 강해지면서 역동성을 상실했다고 보았다.

그렇게 잃어버린 '디오니소스의 힘'이 부활한 것이 바로 바그너의 오페라다. 아니나 다를까, 니체와 바그너는 쇼펜하우어를 높이 평가했다는 공통점이 있다. 특히 바그너는 숭배라는 표현이 어울릴 정도로 쇼펜하우어를 높이 평가했다.

앞에서 살펴본 것처럼, 니체도 한때 쇼펜하우어와 바그너에게 심취해 있었다. 인생의 고통에서 벗어나게 해주는 비극이라는 형식이야말로 최고의 예술이라고 생각해서 『비극의 탄생』을 썼다. 하지만 그로부터 10년 후인 1880년대에는 그들의 가장 혹독한 비판자가 된다.

니체의 마지막 선물

삶이 무의미하다면 왜 죽지 않는가

니체는 원래『차라투스트라는 이렇게 말했다』를 비극으로 쓰기 시작했지만, 도중에 패러디로 형식을 바꾸었다. 이는 중요한 전환이다. 그로 인해 최초의 문제, 다시 말해 살아가는 일의 고통을 어떻게 다룰 것인가 하는 문제와 다시 마주하게 됐기 때문이다. 살아가는 일이 지루하고 힘겹고 무의미하다면, 그걸 외면하고 잊는 것이 맞겠는가? 쇼펜하우어나 바그너라면 예술과 비극을 건네면서 맞다고 말할 것이다. 하지만 니체는 시간이 지날수록 그들과 생각이 달라졌다. 인간이 예술을 통해 일시적으로나마 삶에 대한 고통에서 벗어나야 한다는 발상 자체를 의심하게 되었다.

뒤로 갈수록, 니체는 사람들을 삶의 고통에서 벗어나고 망각시키게 하는 수단, 즉 예술과 음악을 삶을 외면하는 수단으로 인식하는 것을 '낭만주의'라고 부르며 거세게 비판하고 부정한다. 심지어 그는 자신이 그토록 찬양했던 바그너의 오페라도 점점 타락했다며 비판하기 시작한다.

쇼펜하우어에 대한 니체의 비판은 결국 '인생의 본질이 허무와 고통이라면, 대체 왜 죽지 않고 계속 살아가는가?' 하는 질문으로 귀결된다. 그 자체가 역설이라며 비판한 것이다. 누구의 주장이 옳은지는 둘째 치고, 일단 니체가 비판을 제기했으므로 그 대안도 함께 제시해야 할 것이다. 쇼펜하우어는 '생의 의지'를 말하면서도, 그것이 고통을 유발하는 부정적인 것으로 보았다. 결국 그에게는 남은 건, 삶의 고통을 음악과 예술을 통해 일시적으로 망각하는 것밖에 없었다. 니체에 따르면 "예술을 삶을 부정하기 위한 다리"로 삼은 것이다.

니체는 남을 속이는 것만큼이나 자신을 속이는 것을 가장 싫어했다. 이제 그의 눈에는 한때 정신적 스승이었던 쇼펜하우어가 사람들을, 그리고 자기 자신조차 속이고 있는 걸로 보였다. 삶에 대한 의지는 정말 나쁠까? 인생이 고통스럽긴 하지만, 정말 그게 전부일까? 결국 삶에 대한 의지 자체를 비판하면서 군이 예술로 망각까지 하면서 살아갈 이유가 있을까? 니체에게 그런 주장은 '성실하지 않은' 것처럼 보였다. 쇼펜하우어는 '생의 의지'를 말하면서도 그 안에 담긴 참뜻은 파악하지 못하는 바람에, 본의 아니게 거짓말을 하고 있던 것이다.

물론 스승을 비판했다고 해서 그들의 모든 사상을 부정한 것은 아니다. 니체는 옛 스승의 논리를 더 이상 받아들일 수 없었지만, 그렇다고 해서 살아가는 일이 마냥 즐겁다는 발상에도 동의하지 않았다. 살아가는 일이 즐겁고 행복하며 너무나도 멋진 일이라면, 삶을 긍정하는 일은 매우 쉬울 것이다.

하지만 니체는 그런 출발점에는 도저히 설 수 없었다. 그것 또한 진실을 외면하고 기만하는 '불성실'한 인식이기 때문이다.

이제 니체는 딜레마에 빠졌다. 쇼펜하우어와 마찬가지로 살아가는 일 자체가 무의미하다는 출발점에 서면서도, 살아가는 일을 어떻게 긍정할 수 있

단 말인가. 이를 위해 쓴 책이 바로 니체의 대표작인
『차라투스트라는 이렇게 말했다』이다.

'영원회귀'라는 놀라운 아이디어

그는 여기서 '영원회귀'라는 아이디어를 도입한
다. 당시 니체는 에너지보존법칙에 흥미를 느끼고 있
었는데, 한정된 공간 안에서 에너지는 사라지지 않고
그저 다른 에너지로 계속 변화할 뿐이라는 과학 이
론에 순식간에 매혹되었다. 만약 우리의 인생도 그
런 거라면? 삶 역시 영원이라는 시간 동안 형태만 바
뀔 뿐 사라지지 않고 계속해서 존재하는 거라면, 결
국 우리에게 일어난 모든 일이 돌고 돌아서 반복적으
로 일어나지 않겠는가?

영원회귀라는 개념은 다소 종교적인 용어처럼 들
리기도 한다. 하지만, 일종의 사고 실험이라 생각하
면 이해가 더 쉬울 것이다. 지금부터 왜 이 아이디어

가 니체의 철학에서 가장 중요한 아이디어였는지 천천히 살펴보자.

우리는 어떨 때 행복을 느낄까? 주말 오전마다 한적한 카페 구석에 앉아 시간 보내는 걸 즐기는 사람이 있다고 치자. 그가 그 행위에 행복을 느끼는 이유는 내키지 않는 일에 자기 시간을 쓰지 않아도 되기 때문이다. 내키지 않은 일에 시간을 쓰지 않는 게 행복한 이유는, 그래야 에너지를 절약하고 몸과 마음이 평화로워지기 때문이다. 에너지를 절약하고 마음이 평화로운 게 좋은 이유는, 다른 하고 싶은 일을 하고 싶을 때 할 수 있는 자유로운 선택권을 쥔 상태이기 때문이다.

우리가 하는 많은 일은 이런 식으로 해석할 수 있다. A라는 행동을 하는 것은 B를 위해서이며, B를 하는 것은 C를 위해서이고, C를 하는 것은 D를 위해서라는 식으로, 어떠한 행동이나 행위를 할 때에는 그것을 통해 얻을 수 있는 또 다른 목적을 추구한다. 그렇다면 가장 궁극적인 목적, 모든 행위의 근원적인 목적은 무엇일까?

그게 바로 인생의 의미, '삶의 보람'이라는 것이다. 예전에는 그것을 신이 보증했다. 모든 사람은 그저 신이 원하는 가치에 따라 살면 됐고, 그게 곧 의미 있고 행복한 삶이었다. 하지만 지금은 니힐리즘의 시대다. 모든 사람의 인생을 아우르는 가치나 목적이 존재하지 않는다는 논리가 우리의 사고를 지배하고 있다.

사실 니체가 가장 고민했던 점은 인생이 고통스럽고 무의미하다고 해놓고 또 다른 의미나 목적을 만들 순 없는 노릇이다. 살아가는 일이 무의미하고 고통뿐이라면, "그렇다면 당신은 왜 살아가지? 괴롭다면 그만 살면 되잖아?"라는 물음에 결코 대답할 수 없다. 그렇다고 살아가는 것이 행복하다는 입장으로 돌아서는 것은 현실을 외면하는 일이었다. 쇼펜하우어처럼 고통을 잠시 마취하며 살아가자는 태도는 자기기만이었다.

이처럼 니체의 고민은 처음부터 퇴로를 차단하고

있다. 쇼펜하우어처럼 모순을 의식하지 않고 생각하면 간단하지만, 이미 그것이 역설이라고 자각한 이상 같은 실수를 반복할 순 없다.

이런 고민을 해결할 방법으로 니체가 찾은 해답이 바로 살아간다는 건 같은 일의 반복이라는 입장이다. 니체는 『즐거운 학문』에서 다음과 같이 질문을 던진다.

어느 날 낮이나 밤에 악령이 찾아와 이렇게 말하면 어떻게 하겠는가? "네가 지금 살고 있고, 살아왔던 삶을 너는 다시 한 번, 아니 무수히 반복해서 살아야만 한다. 거기엔 새로운 것이 없으며, 모든 고통과 환희, 사상과 탄식, 삶에의 크고 작은 모든 것이 다시 찾아올 것이다. 그것도 똑같은 차례와 순서로! (……) 너는 이 삶을 다시 한 번, 그리고 무수히 반복해서 살기를 원하는가? 이 질문은 모든 경우에 최대의 중량으로 그대의 행위 위에 얹힐 것이다.

이런 말을 들으면 어떤 생각이 드는가? 니체는 살아가는 일은 고통스럽고 무의미하며, 그것을 잠시나마 구제할 수 있는 최선의 방법이 예술이라는 쇼펜하우어와 바그너의 주장에 점점 의문을 품게 되었다. 그래서 결국에는 그들과 완전히 갈라서고, 살아가는 일은 같은 일의 영원한 반복이라는 사고로 전환하게 된다.

그런데 이런 사고가 어떻게 해결책이 될 수 있을까? 같은 일을 반복한다는 것은 지루하기 짝이 없는 일이다. 스스로 같은 일을 반복하고 있다는 사실 자체를 자각하지 못할 땐 그나마 괜찮다. 아직 행복하다고 여길 수 있지만, 한순간이라도 '내가 어제와 똑같은 일을 반복하고 있는 건 아닌가?' 하는 자각이 들기 시작하면, 그 행위 자체를 반복하기가 몹시 어려워지는데 말이다.

1880년대 스위스 실바플라나 호수

니체는 여행과 산책을 좋아했다. 특히 스위스의 이 호숫가를 걸으며,
'영원회귀'라는 개념을 떠올렸다.

시지프적 전환

🌣

니체는 자신이 던지는 영원회귀, 즉 "이 삶을 다시 한 번, 그리고 무수히 반복해서 다시 살기를 원하는가?"라는 질문이 "최대의 중량으로 그대의 행위 위에 얹힐 것"이라고 말한다.

인생이 고통과 허무뿐이라는 인식도 괴롭지만, 사실 같은 일을 영원히 반복하게 된다는 인식도 다른 지점에서 괴롭다. 가장 큰 문제는 지루하다는 사실이다. 앞서 쇼펜하우어가 했던 "인생은 고통과 권태 사이에서 오락가락하는 시계추와 같다"라는 말처럼, 고통 대신 지루함을 견디는 쪽이 더 낫다는 말은 전혀 위로나 해결책으로 들리지 않는다.

이것이 왜 해결책이 되는지 이해하기 위해서는 '영원회귀'에 관련된 또 다른 이야기를 살펴볼 필요가 있다. 니체의 영향을 받아 삶의 의미를 고민했던 작가 알베르 카뮈는 『시지프 신화』라는 책을 썼다. 그리스 신화에 나오는 시지프는 굉장히 영리한 인물이

어서, 살아생전 신들을 여러 번 속였다. 결국 사후에 큰 벌을 받게 되는데, 커다란 바위를 산 정상까지 밀어 올리는 벌이었다. 문제는 바위는 산 정상에 오르는 순간, 다시 산기슭까지 굴러떨어진다는 것이다. 시지프는 그 무의미하고 괴로운 일을 영원히 반복해야 했다.

카뮈는 '우리의 인생도 어쩌면 이와 똑같지 않을까?' 하는 물음을 던진다. 생각해보라. 우리 역시 매일 새로운 나날을 살며 여러 가지를 하는 것 같지만, 결국 아침에 일어나 낮에 활동하고 밤에 잠자기를 되풀이하고 있을 뿐 아닌가? 종종 사는 게 허무하게 느껴지는 이유는, 그 모든 시간이 결국 이렇게 지루하기 짝이 없는 일이란 걸 어렴풋이 느꼈기 때문은 아닌가?

얼핏 생각해보면, 이것은 쇼펜하우어가 내놓은 해결책보다 더 좋지 않은 것 같다. 그의 세계에서는 살아가는 일이 고통이라도 예술에 의해 잠시나마 구제될 수 있지만, 살아가는 일이 지루한 반복이라고 할 경우엔 딱히 답이 없어 보인다.

그런 인생을 계속 살아야 할 이유가 있을까? 그런데 니체는 이 질문을 근본적으로 뒤집는다. 궁극적인 의미 같은 건 없어도 괜찮다는 거다. 그는 대체 무슨 근거로 이렇게 말하는가? 사실 평소 우리가 하는 행동 중에서도, 생각해보면 별 의미가 없는데 기쁨을 주는 것들이 있다. 바로 놀이다.

무의미한 세상에서 애초에 찾을 수도 없는 의미를 좇거나, 일시적인 마취제에 의존하는 대신, 놀이하듯이 살라는 것이다.

카뮈의 친구이자 라이벌인 사르트르가 사용한 근사한 예시가 있다. 공중전화 부스 안에서 누군가가 통화를 하는 모습을 밖에서 보고 있다고 치자. 안에 있는 사람이 아무리 의미 있는 대화를 나눴다고 해도, 밖에서 보고 있는 사람에게는 그가 무슨 이야기를 하고 있는지 관심이 있을 리 없다. 전혀 의미 없는 행위이고, 마치 팬터마임이라도 하는 것처럼 보일 수도 있다. 그 사람이 하는 행위의 모든 의미가 사라

니체의 마지막 선물

지는 것이다. 하지만 그렇다고 그 대화가 부스 안에 있는 사람에게까지 의미가 없는 건 아니다.

영원회귀까지는 아니어도, 우리도 어렴풋이 알고 있다. 인생은 매일 새로운 일로 가득하다기보다는, 대체로 비슷한 하루하루가 반복된다는 것을. 우리는 그걸 고통스럽게 생각할 수도 있고, 똑같은 일의 반복이라며 허무하고 지루하게 느낄 수도 있다. 하지만 똑같은 상황을 마치 놀이처럼 계속 되풀이하며 즐길 수도 있다.

『시지프 신화』에서 카뮈는 이렇게 말한다. "우리는 시지프가 행복하다고 상상해야 한다." 즉, 시지프는 자신에게 주어진 운명을 벗어날 수는 없지만, 그걸 고통이라 인식하지 않고 오히려 놀이처럼 인식함으로써, 역설적으로 형벌과도 같은 운명에서 자유로워질 수 있는 것이다.

인생이 따분하고 재미없으니까 예술로 망각한다. 혹은 술을 마시거나 도박에 빠지는 식으로 나를 잊는다. 이런 식의 도피적인 발상을 니체는 최초로 부정했다. 이 세상에 절대적으로 의미 있는 게 없다는 니힐리즘의 인식을 기반으로 하면서도, 우울한 감정에 빠져 인생을 자포자기하거나, 현실을 외면하거나 다른 무언가로 마취하는 대신, 태평스럽게 살아가는 법을 찾은 것이다.

'영원회귀'라는 발상은 꽤나 깊은 이해가 필요하다. 실제로 직관적으로 와닿는 말은 아니다. 인생이 정말로 똑같은 게 영원히 반복된다면, 대부분 사람은 기뻐하기는커녕 힘이 빠지고 말 것이다.

우리가 누군가의 거스를 수 없는 지시를 받고 운동장을 한 바퀴 돌고 왔다고 치자. 그런데 한 바퀴를 다 돌고 오면, 끝나는 게 아니라 또 한 바퀴를 돌고 오라고 한다. 그것을 몇 번이나 반복하면 어떨까? 대부분 질색하며 하기 싫어할 것이다. 하지만 이에 대해 니체는 "이것이 인생이었던가. 그렇다면 한 번 더!" 하고 말한다.

뒤집어 말하면, "그렇다면 한 번 더!"라고 말하지 않으면 도저히 살아갈 이유를 댈 수 없는 것이다. 쇼펜하우어는 인생의 고통에서 일시적으로 벗어나기 위한, 나쁘게 말하면 일종의 도피 전략을 세웠다. 하지만 니체는 그것이 그리 좋은 방법이 아니라고 생각했다.

니체가 『비극의 탄생』을 쓸 무렵에는 쇼펜하우어처럼 살아가는 일이 무의미하고 고통스럽다고 생각했기에 일시적 구제 수단으로써 음악이나 예술이 간절히 필요했다. 하지만 인생이 영원히 반복된다면 어떻게 해야 하는가? 더 이상 일시적인 구제 수단은 의미가 없어지므로, 인생을 대하는 새로운 인식과 태도가 필요하다. 그것이 바로 영원회귀 사상과 운명애(아모르파티)다.

피할 수 없으면 즐기라는 말이 있다. 아마도 카뮈와 니체가 이 말을 들었다면, 고개를 끄덕였을지도 모르겠다.

오늘 하루가 영원히 반복된다면

그런데 한 가지 주의할 점이 있다. 운명에 관한 니체의 입장에는 다소 역설적인 면이 있다는 것이다. 그는 『이 사람을 보라』에서 "있는 것은 아무것도 버릴 것이 없으며, 없어도 좋은 것이란 없다"라고 했는데, 그러면서도 주어진 현실에 그대로 순응하는 것, 고난과 허무에 수동적으로 굴복하는 것을 '노예 도덕'이라며 비난한다.

그러면 대체 어쩌라는 말인가? 애초에 인생을 속 편하게 살려면 신이 차지했던 자리를 대체할 만한 다른 무언가를 찾아 세우는 편이 더 쉬울 것이다. 극단적으로 말하면, 돈이든 명예든 다른 어떤 것이든 자신에게 의미만 있으면 인생의 허무가 조금이라도 채워질 것이 아닌가?

이러한 관점은 일종의 자기계발적 방향이라고 볼 수 있는데, 당연히 니체는 이런 방법을 추구하지는 않았다. 그는 니힐리즘과 운명애, 얼핏 상반되어 보이는 두 개념을 모두 포기할 수 없었다. 인생은 허무하다, 하지만 허무함을 외면하거나 마취하는 대신 그 자체로 사랑해야만 한다. 니체는 왜 이렇게 복잡한 생각을 하게 된 걸까?

그 이유는 니체가 놀이를 강조했던 이유와도 같다. 인생에는 정해진 방향성도 절대적 가치나 의미도 없다는 것, 다시 말해 니힐리즘은 니체에게는 결코 포기할 수 없는 절대적인 전제다. 돈이든 명예든 다른 어떤 것이든, 신의 자리를 대신할 만한 삶의 보람을 따로 설정하는 것은 우리 삶의 진실을 그대로 받아들이는 태도가 아니다. 돈이나 명예를 잃거나 다른 어떤 것이 사라지게 되면, 그 삶은 다시 허무해질 것이기 때문이다. 삶을 목적이 아니라 수단으로 삼는 태도다.

하지만 인생의 모든 것을 있는 그대로 받아들이면서도, 그것을 최종적으로 놀이처럼 생각하면 어떻게 될까? 놀이에는 몇 가지 특징이 있다. 우선, 놀이는 다른 무언가를 얻기 위한 수단이 아니다. 놀이를 함께한 친구와의 우정? 그것은 목적이 아니라 놀이에 따르는 부수적인 결과다.

놀이에는 다른 목적이나 의미가 없으며 행위 자체를 목적으로 한다. 예컨대 우리가 수수께끼 놀이를 하는 이유는, 그걸 하면 머리가 좋아지거나 돈을 벌수 있거나 하기 때문이 아니다. 그냥 그것 자체로 재미있고 우리에게 만족감을 주기 때문이다.

그렇다면 살아가는 일에 궁극적인 의미가 없다고 하더라도, 그 무의미를 놀이로 채워나가면 되지 않을까? 이것이 니체가 말하는 놀이, 그리고 운명애의 기본적인 발상이다.

원래 사람은 대단한 의미 같은 걸 찾지 않아도 그럭저럭 살아갈 수 있다. 하지만 '지금 왜 이런 일을 하고 있지?' 하는 생각이 들면, 그걸로 끝이다. 니체가 『즐거운 학문』에서 던진 질문, 즉 "당신은 왜 매일 이런 일을 하는 건가요? 무엇을 위해서 살아가는 거죠? 그걸 영원히 반복하며 살 건가요?" 하는 악마의 속삭임이 바로 그런 것이다. 니체는 그런 우리에게

"이런 질문을 받으면 당신은 어떻게 하겠습니까?" 하고 말한다.

애초부터 그런 생각을 아예 안 하면 편할지도 모른다. 하지만 안타깝게도 한순간이라도 그런 생각을 머릿속에 떠올렸다면 답을 찾아야만 한다. 그러지 못하면 하루하루 삶이 견딜 수 없이 불행해질 것이기 때문이다.

이런 본질적인 질문을 회피하는 다른 수단이나 고통과 허무를 잊게 하는 마취제를 모두 버리라고 말하면서, 니체는 이렇게 우리에게 이렇게 나지막이 말한다. "영원히 반복하고 싶은, 그래도 좋은 삶을 살라."

생각해보라. 우리가 사랑하는 사람에게도 오직 장점만 있는 건 아니다. 가족이든 친구든 연인이든 관계가 늘 좋을 리도 없다. 당연히 단점도 있고 때로는 지독하게 싸우고 상심할 수도 있다. 그렇다고 그 사랑을 포기하는가? 운명을 사랑한다는 것도 이와 같다. 수단이 아닌 목적 그 자체로서, 설령 어떤 고통을 안겨주다고 해도 그걸 외면하지 않고 그대로 끌어안는 것이다.

인생도 마찬가지다. 삶의 모든 순간이 행복으로만 가득했다고 말할 수 있는 사람은 없다. 하지만 과정이 어려울 때 결과에서 더 큰 보람을 느끼고, 고통이 있으니 행복이 빛나는 것이다. 그렇다면 그 모든 것이 아우러진 인생을, 사랑스럽다고 말할 수 있지 않을까?

이렇게 운명애를 기꺼이 받아들인 이들에게는 예술 또한 마취제나 환각제가 아니라 훨씬 가치 있는 것이 된다. 고통과 허무를 외면하고 마취하는 도구가 아니라, 그걸 그 자체로 기꺼이 받아들이고, 나아가 "삶의 가장 가혹한 문제에 직면해서도 삶 자체를 긍정"하게끔 도와주는 "삶의 위대한 자극제"가 되는 것이다.

자, 그럼 마지막으로 니체의 질문을 한 번 더 살펴보면서, 이번 장을 마무리하도록 하자. 가만히 눈을 감고 오늘 하루를 곰곰이 돌아보라. 어떠했는가?

니체의 마지막 선물

똑같은 일들이 영원히 반복되어도 좋다고 말할 수 있는, 그렇게 최선을 다한 하루를 살았는가?

4장

예술가의 시선으로
세상을 바라보라

관점주의라는 빨간약

'있는 것은 단지 진실뿐'이라 주장하는 실증주의에 반대하여 말한다. 분명한 진실은 없으며, 있는 건 단지 해석뿐이라고. 우리는 사실 '자체'를 확인할 수 없다. (……) 대체로 '인식'이라는 말이 의미를 갖는 한, 세계는 인식될 수 있다. 하지만 세계는 다르게 해석될 수도 있다. 그것은 자신의 배후에 어떠한 의미도 지니지 않으며 오히려 무수한 의미를 지니고 있다.—'원근법주의'

- 『힘에의 의지』 중에서

사람들은 늘 정답이나 진실을 찾으려 애쓴다. 어떤 문제를 해결하거나 상황을 판단할 때 명확한 기준이나 정답을 찾아, 그대로만 행동하려고 한다. 거기서 어긋나면, 자기 자신이든 타인에게든 무척 가혹하게 구는 경우가 있다.

만약 그런 입장이 옳다면, 인생의 많은 문제는 과학기술이 발전하면서 자연스럽게 해결될 것이다. 인공지능이 빅데이터를 통해서 찾은 최적화된 경로로 '완벽한' 정답과 진실을 찾아 우리를 만족시켜줄 테니까. 마치 신이 내려준 축복처럼 말이다. 하지만 그렇게 찾은 정답이나 진실이 우리에게 정말 완벽한 행복을 줄까?

니체는 절대로 그렇지 않다고 말할 것이다. '진실

은 하나가 이니다'라는 말은 이른바 인식론의 영역인데, 이에 대해 니체는 철학자 고트프리트 라이프니츠의 사고관인 '관점주의'를 취했다.

니힐리즘의 시선으로 세상을 바라볼 경우, 세계나 사물을 바라보는 절대적으로 옳은 관점이란 결코 있을 수 없다. 인간은 신처럼 모든 경우의 수를 한번에 파악할 수 없으므로, 우리가 사물을 이해하고 인식하는 관점은 당연히 니힐리즘이나 관점주의에 가깝다.

관점주의는 우리가 얻을 수 있는 모든 지식이 상대적이라는 입장이다. 그걸 객관적이라고 말하는 것은 마치 장님들이 코끼리의 일부 부위만 만지면서 제각각 '전체 코끼리의 모습은 이러이러할 것이다' 하고 일반화하고 오해하는 모습에 가깝다.

그런데 우리가 얻는 지식에는 '객관적'이고 '절대적'인 것으로 여겨지는 것들이 있다. 바로 과학적 지식과 도덕적 지식이다. 과학은 일반적으로 모든 사람이 인정하는, 언제 어디서나 통용될 수 있는 절대적

　　　　　　　　　　　　　　　니체의 마지막 선물

인 '진리'로 여겨진다. 도덕 역시 마찬가지다. 사람마다 전부 다른 기준으로 판단하고 적용할 수 있는 것이 아니라, 기본적으로 모든 이에게 공통적으로 적용될 수 있는 것이어야 도덕이 될 수 있다는 게 일반적인 인식이다.

하지만 니체는 그런 보편적인 지식이 존재한다는 걸 인정하지 않았다. 심지어 과학 지식에 대해서도 물리학조차 단지 하나의 세계 해석이며 세계 정리이지 세계를 객관적으로 설명하는 게 아니라고 말할 정도다.

어디까지나 해답이 아니라, 그걸 이해하는 사람의 해석에 지나지 않는다는 것이다. 이것이 바로 니체 철학의 기본을 이루는, 어떤 경우에도 절대적인 사실은 존재하지 않고 모든 것은 해석이라는 관점주의적 사고관이다.

예술에서 시작된 철학

❋

'신의 죽음' 이후, 이제 인간은 인간만의 입장에서 이 세계를 이해할 수밖에 없게 됐다. 그런데 우리는 제각각 처한 입장과 환경이 다르다. 당연히 생각도 전부 다를 수밖에 없다.

니체도 같은 생각이었다. 그는 우리가 세상을 이해할 때 대상 자체에 대한 지식을 얻는 게 아니라고 생각했다. 바깥에 있는 객관적인 지식을 그대로 얻는 게 아니라, 이미 개개인의 머릿속에 들어 있는 정보(지식 또는 선입견)를 대상에 반영하고, 그렇게 재해석된 지식을 제각각 이해해 습득한다는 사고방식을 갖고 있었다.

다소 복잡하게 여겨지는 이러한 사고관은 철학자 칸트에게서 유래했다. 그는 인간은 전지전능한 신과 달리, 그 근본적인 한계로 인해서 절대적인 지식(물자체)은 결코 알 수 없다고 보았다. 하지만 그러면서도 인간은 누구나 보편적으로 이성과 감성이라는 인식 틀을 지니고 있다. 따라서 그 틀을 잘 사용함으로써, 모든 인류에게 공통된 지식을 쌓아갈 수 있다고 보았다.

이러한 해석은 우리 지식의 원천이 인식 대상에 달려 있다는 생각을 완전히 뒤집은 것이다. 우리가 바라보는 세계, 그리고 사물이 우리의 주관적인 구성에 달려 있다는 것으로, 칸트는 이것을 '코페르니쿠스적 전환'이라고 불렀다. 자신의 이론을 태양이 지구 주위를 돈다는 천동설을 지구가 태양 주위를 돈다는 지동설로 전환한 코페르니쿠스의 발견에 빗댄 것이다. 꽤 자신만만하지만 설득력 있는 말인 것이, 이는 서로 화해할 수 없을 것 같았던 두 갈래의 철학 전통, 즉 대륙의 합리론과 영국의 경험론을 하나로 통합한 것이기 때문이다.

훗날 이 아이디어를 계승한 프로이트는 '투사'라는 표현을 쓰기도 했는데, 요컨대 상대에게서 보는 모습이나 상태에는 개인의 주관적 관점이 투영됐다는 것이다.

이러한 아이디어는 과학 이론에 적용할 수도 있다. 과학자는 일단 가설을 세우고, 그 가설을 대상에 투입함으로써 옳은지 실증한다. 어떤 의미에서 근대 과학은 이렇게 거듭 가설을 세워서 자연을 바라보고 그 속에서 법칙을 찾아내는 과정이다. 거기서 법칙을 찾아낼 수 있는 것은 오직 가설을 세우고 있는 사람뿐이다.

칸트의 사고를 받아들인 니체 역시 우리가 얻는 지식이 대상을 있는 그대로 보고 받아들여 형성된 게 아니라고 보았다. 우리는 이미 갖고 있던 관점을 대상에 투영한 뒤, 거기서 비로소 대상의 일부를 알게 된다는 것이다.

그런데 칸트와 니체의 입장에는 큰 차이가 있다. 칸트는 우리가 지닌 인식 틀, 그러니까 이론이나 개념이 인류가 공통으로 지닌 것으로 여겼다. 사람마다 다르게 적용된다면, 과학이나 학문이 성립할 수 없기 때문이다.

그런데 니체는 그런 인식 틀조차 사람마다 다르

다고 보았다. 사람마다 입장이나 지위, 환경에 따라서 다른 인식 틀을 지녔다고 주장한 것이다. 예를 들어, 우리가 에베레스트산을 오른다고 치자. 똑같은 산을 오르더라도, 어느 계절, 어떤 날, 어느 위치까지 올랐느냐에 따라 풍경은 다르게 보일 것이다. 이처럼 처지가 다른 개개인이 각자 자신의 견해에 따라 대상을 바라보므로, 산 자체는 실재한다고 하더라도 그걸 보는 관점은 저마다 달라질 수밖에 없다는 것이 니체의 생각이다.

이것은 예술 세계의 '관점주의'를 철학의 인식론에 끌어들인 것이다. 관점주의는 르네상스 시대에 탄생한 원근법과 연결된다. 원근법은 3차원의 시공간에 있는 사물을 2차원 평면에 구현하는 회화 기법으로, 관찰자를 중심으로 먼 것은 작게, 가까운 것은 크게 그리는 것이다. 자연스레 관찰자가 대상을 어떤 방향에서 보느냐에 따라 그림의 풍경은 완전히 달라진다.

예술을 삶의 자극제라고 생각했던 니체는 이런

■■■ 윌리엄 호가스, 〈잘못된 원근법〉, 1754년.

바라보는 관점에 따라 사물의 크기도 모양도 달라진다. 원근법은 회화 기법일 뿐 아니라, 기하학 이론에 바탕을 둔 수학 지식과도 관련 있다. 위의 그림에는 무려 24개의 원근법 오류가 있다고 한다. 한번 찾아보자.

기법을 우리가 사물과 지식을 이해할 때의 인식 방법에도 적용했다.

이러한 인식론에 따르면, 모든 문제와 상황에 보편적으로 적용할 수 있는 정답이나 진실은 있을 수 없다. 각자 상황이 다르고 관점이 다르므로, 어떤 현상을 해석하고 처리하는 답 또한 각각 다를 수밖에 없다.

자신만의 선을 창조하라

개인의 주관을 강조하는 인식론은 자연스럽게 니힐리즘과 연결된다. 예술 분야에서 절대적 가치나 정답이 존재하지 않는 것처럼, 모든 사람이 각자의 입장에 따라 대상에 가치를 투영함으로써 비로소 가치가 생겨난다는 발상이다.

니체는 초인에 관해 이야기하면서 '창조자'가 되라고 한다. 이는 대상의 가치를 창조하는 것, 스스로 가치를 대상의 내면에 만들어낸다는 모델을 인식에도 적용한 것이다.

이는 인식론뿐 아니라 도덕 문제에서도 마찬가지다. 무엇이 선악인지, 무엇이 옳고 그른지 판단하는 기준은 이제 각자 입장과 상황에 따라 달라진다. 예컨대, 강자와 약자는 입장이 다르므로 선악에 대한 기준도 당연히 다른 것이다.

사실에 대한 판단과 도덕과 가치의 판단, 선악의 판단도 사람들의 각자 기준에 따라 결정된다. 다시 말해 취향에 의해 판단하는 것으로, "이 카레 맛있어요?" 하는 질문을 받았을 때의 대답와 같다. 그 판단은 카레를 좋아하느냐 싫어하느냐로 나뉠 텐데, 거기엔 객관적이고 절대적인 기준이 있는 게 아니다. 그저 개인 취향에 따라 답이 달라지는 것이다.

도덕 문제도 비슷하다. 어떤 행동이 좋거나 도덕적이라고 느끼는 것은 그게 절대적으로 옳기 때문이 아니다. 그런 판단의 근거는 그저 자신이 그걸 좋아하기 때문이다.

니체의 마지막 선물

이러한 니체의 관점주의는 우리가 2장에서 살펴본 것처럼 '신에서 인간으로'라는 니힐리즘의 시대적 전환과 밀접하게 관련 있다. 니체는 신앙심이 투철한 집안에서 자랐지만, 오히려 종교를 강하게 비판했다. 신이라는 존재 자체가 실제로는 인간이 만들어낸 개념에 불과하다고 주장했다. 심지어 『안티크리스트』라는 책을 쓰기도 했다.

엄숙한 기독교 집안에서 자란 것에 대한 반발심 때문이었을까? 그 영향이 얼마나 되는지는 모른다. 아무튼 니체에게 중요한 것은 '지금 여기' 현실에서의 삶이었다. 반면, 기독교에서는 현재의 삶보다는 내세, 그러니까 천국에서의 삶에 훨씬 가치를 둔다. 자연스럽게 현재의 삶은 덜 중요한 것으로 평가 절하될 수밖에 없다. 니체에게 종교는 이처럼 삶에 충실하려는 사람들의 의지를 꺾어버리고 노예 도덕을 심어주는 '악'이었다.

니체는 신이라는 존재가 있고 인간은 그에게서 도덕과 지식을 배운다고 생각하던 사고를 뒤집었다.

오랫동안 공부했던 고전문헌학적 방법론을 활용해 종교와 도덕의 계보를 찾아내고, 마침내 신이 아니라 인간이 도덕과 지식, 심지어 신 자체도 만들어냈다는 사고관으로 전환시켰다.

이것은 무엇을 뜻하는가? 이제 인간이야말로 가장 이상적인 인식의 상태를 결정하고, 인간이야말로 옳고 그름의 가치 기준을 결정한다는 뜻이다. 그리고 그렇게 찾은 가치는, 다름 아닌 대상의 내면에 깃들어 있던 본래 우리 자신이 지니고 있던 것이다. 이것이 바로 니체 철학과 관점주의의 핵심이다.

이러한 사고관을 수용하면, 사람은 저마다 다른 관점을 지니고 있다는 걸 인정하게 된다. 어떤 관점이 옳은가 그른가 '도덕적', '객관적'으로 따지는 논의는 성립하지 않는다. 사람들은 각자의 관점이 있고 제각각 다른 의미를 세계에 투영해 살아갈 뿐이기 때문이다. 그렇다면 이제 중요한 건 어떻게 자신만의 선과 관점을 창조해내느냐 하는 문제다.

니체의 마지막 선물

인생에 정답은 없다

앞서 이야기한 것처럼, 칸트는 모든 사람에게 공통적으로 적용되는 개념이나 카테고리를 상정했다. 그렇게 공통적인 개념과 카테고리를 통해 세계를 바라봄으로써 '물자체'로서의 지식까지는 아니지만, 그래도 인류에게 보편적으로 적용할 수 있는 영역이 생겨난다고 생각했다. 과학 분야를 예로 들면, 물리 법칙은 누군가 한두 사람만 옳다고 주장한다고 성립하지 않는다. 모든 사람이 옳다고 생각하고, 특정한 조건 아래에서는 무조건 적용이 되어야 한다.

도덕은 어떨까? 소수만 좋다고 생각하는 기준을 도덕이라고 부를 수 있을까? 주변 사람은 물론, 궁극적으로 모든 사람이 좋다고 생각해야 도덕이라 부를 수 있을 것이다. 칸트는 주관적 가치가 우리 인식에 투영된다는 의견에는 동의했지만, 그럼에도 인류가 공통으로 지니고 있고 불변하는 것을 상정했다. 조금 어려운 표현이지만, 그에게 도덕은 이런 것이었다.

"네 의지의 규칙이 언제나 보편적인 원리가 될 수 있게 하라." 즉, 도덕도 그렇고 과학 역시 보편적이어야 했다.

하지만 니체는 생각이 달랐다. 모든 이에게 시대와 상황을 초월해 공통으로 적용되는 가치는 존재하지 않으며, 그저 개인이 각자 의미를 부여한다는 입장을 고수했다. 문제는 그렇게 되면 학문의 보편성이나 객관적 과학 법칙 같은 것도 성립할 수 없다는 것이다. 하지만 니체는 보편적 진리는 없다는 입장을 포기하지 않았다. 그러면서 어디까지나 각자 자신만의 진리를 만들어내는 의지가 중요하다고 말했다.

진리에 대한 의지, 도덕에 대한 의지만이 있을 뿐이며 학문이나 도덕의 보편적 기준이 없다는 것은 굉장히 니힐리즘적인 관점이다. 그런 학문이나 도덕에 어떤 것이 있을까? 법률이나 규칙이 대표적이다. 그 자체로 절대적으로 옳은 것은 아니지만, 그것이 옳다고 생각하는 사람이 많을 때, 그 가치가 옳다고 인정된다.

과학도 의지다! 패러다임 이론

✼

칸트 이후로 그러한 인류 공통의 보편성을 주장하는 사고관이 와르르 무너지기 시작했다. 마침내 니체의 시대에는 그런 것은 존재하지 않는다는 사고관까지 등장했다.

그런데 윤리 문제야 잠시 논외로 둔다고 쳐도, 과학은 잘 납득이 되지 않는다. 사과가 뉴턴 앞에서만 아래로 떨어지고, 다른 곳에서는 위로 솟구치거나 하지는 않으니 말이다. 뉴턴이 찾아낸 고전 물리학 법칙에 따르면, 지구상에서 중력을 지닌 물체는 그게 사과든 무엇이든 전 세계 어디에서도 공통으로 위에서 아래로 떨어져야 한다.

하지만 과학 분야에도 이렇게 생각하는 사람들이 나타났다. 과학 역시 과학자들 각자가 이론을 제시해 권력 투쟁을 벌이고, 그 결과 힘을 가진 사람들의 이론이 옳은 게 된다는 입장이다. 처음부터 절대적인 진리가 있는 것이 아니라, 어디까지나 그 가치를 투입하는 사람들이 있고 힘의 강약에 의해 옳고 그름이 결정된다는 것이다.

이런 입장에 따르면, 과학자들이 이론을 내세울 때 중요한 것은 자기 의견을 지지해줄 다른 사람들을 끌어들여 다수파를 이루는 것이다. 즉, 과학에도 절대적 진리가 있는 게 아니라, 현재 다수를 차지하고 있는 이론이 옳을 뿐이며 다수파가 아니면 부정당하게 된다. 이러한 사고관에 따라 등장한 것이 '패러다임' 이론이다.

이 개념은 미국의 과학사학자이자 과학철학자인 토머스 쿤이 『과학혁명의 구조』에서 제시한 것이다. 과학 법칙이 시대를 초월해 적용되는 게 아니라, 일정 기간, 특정 분야의 과학자 집단 사이에서 공유되는 지배적 사고라는 주장이다. 다시 말해, 과학의 발전은 과거로부터 현재에 이르기까지 객관적 지식을 계속 축적해 나가는 과정이 아니라, 하나의 패러다임에서 다른 패러다임으로 전환되면서 혁명적으로 변화한다는 것이다. 이렇게 과학혁명이 일어나면, 기존

의 '정상 과학'에서 설명되었던 것들은, 다음 패러다
임에서는 완전히 무너지기도 한다.

　니체가 쿤의 이야기를 들었다면, 아마도 고개를
끄덕이지 않았을까. 그 역시 과학이나 도덕의 보편성
을 부정하면서, 그것들이 어디까지나 주관적 작용이
라고 보았다. 즉, 권력이나 힘에의 의지를 통해 '진리'
가 된 것이다. 주관이란 사람마다 다른 상대적인 것
이기에, 보편성을 지니려면 최대한 많은 이의 인정을
받아야 한다.

　이러한 니체의 사고관은 당대에 유행했던 다윈주
의의 영향을 받았다. 다윈주의란 자연 선택과 적자생
존을 바탕으로 진화의 원리를 규명한 이론이다. 이에
따르면, 세상을 지배하는 패러다임은 적자생존까지
는 아니지만, 생존 투쟁과 같은 형태로 각각 대립한
다. 오직 투쟁을 통해 살아남는 개념만이 '진리'로 받
아들여진다는 인식, 이런 발상에서 탄생한 개념이 바
로 '힘에의 의지'다.

삶의 기쁨을 만드는 힘

니체의 관점주의는 우리에게 어떤 교훈을 줄까? 먼저, 자기 자신과 타인에게 좀 더 관대해지게 된다. 만약에 모든 사람에게 통용되는 정답이나 관점이 있다고 하면, 거기서 조금이라도 어긋나는 것은 오답이 된다. 하지만 관점주의의 입장을 따르면, 이 세상에 틀린 답은 없다. 각자 자기만의 정답을 가지고 살아갈 뿐이다.

이러한 태도는 우리가 예술 작품을 감상하는 과정과도 비슷하다. 우리는 어떤 작품을 감상하고 평가할 때, 자신의 선호하는 작품만 절대적으로 아름답고 나머지는 그렇지 않다고 말하지 않는다. 저마다 각자 선호하는 최고의 아름다움이 다르다는 걸 알기 때문이다.

그렇다면 우리가 할 일은 무엇일까. 바로 예술가의 관점에서 세상과 인생을 바라보는 것이다. 타인이 아닌 자기 자신의 관점에 의지해서, 각자 최고의 작품이라 생각하는 것을 자유롭게 이야기하는 것이다.
바로 그럴 때 다름은 비난이나 평가의 대상이 아니라
각자 다른 종류의 기쁨을 나누고 삶을 풍성하게 만드
는 계기가 될 테니까.

5장

착하게 사는 것만큼
나쁜 건 없다

르상티망과 노예 도덕을 넘어서는 삶의 태도

도덕에서 노예 반란은 르상티망 자체가 창조적이 되어 가치를 만들어낼 때 비로소 일어난다. 다시 말해, 이는 행위로 진정한 반응을 할 수 없어서 오직 상상의 복수를 통해서만 만족을 꾀하는 자들의 르상티망이다. 모든 귀족 도덕이 자신에 대한 자신만만한 긍정에서 생겨나는 데 반해, 노예 도덕은 처음부터 '외부적인 것' '다른 것' '자기 자신이 아닌 것'을 부정한다.

- 『도덕의 계보학』 중에서

　여기 두 사람이 있다. 한 사람은 엄청난 권력자이며, 다른 한 사람은 돈도 권력도 없는 약자다. 둘 중 한 사람이 반드시 악인이라면, 당신은 그게 누구라고 생각하는가?

　모르긴 몰라도 권력자 쪽을 떠올렸을 것이다. 우리가 자주 보는 드라마나 영화에서도 보통 그러니까. 악인은 대개 권력자이며, 그가 가진 부와 권력은 나쁜 짓을 해서 손에 넣은 것처럼 그려진다.

　이처럼 우리에게는 편견이 하나 있다. 엄청난 부와 성공을 이뤘는데 성격까지 좋아 보이는 사람을 만나면, 왠지 모르게 '남에게 숨기는 문제가 있지 않을까', '어차피 나쁜 짓을 해서 큰돈을 번 게 틀림없어' 하는 생각이 드는 것이다.

많은 인기를 얻는 연예인이나 유명 스포츠 선수도 비슷한 시기와 질투를 받는다. '그 선수는 실력은 좋지만 성격이 좋지 않아'라는 식으로 대상에게 겸손과 배려라는 잣대를 들이댄다. 그래서 개인의 능력이 아무리 뛰어나고 훌륭한 성과를 거뒀어도, 겸손하지 않거나 배려심이 없으면 오만하고 나쁜 사람으로 깎아내린다.

정말 그럴까? 니체에 따르면 우리가 이렇게 생각하는 것은 그것이 사실이어서가 아니라, 마음속에 '르상티망'을 지녔기 때문이다.

약자는 강자를 질투한다

르상티망이란 실존주의 철학의 시조로 불리는 철학자 쇠렌 키르케고르가 사용한 개념이다. 니체는 이 개념을 창시한 것은 아니었고, 키르케고르가 썼던 개념을 본래의 뜻과 다르게 패러디해서 쓴 것이다. 니체 이후에는 독일의 철학자 막스 셸러가 『르상티망』이라는 제목의 책을 썼고, 그 이후 르상티망이라는 개념이 단독으로 쓰이기 시작했다.

앞에서 살펴본 것처럼, 니체는 다른 이의 철학 개념을 끌어와서 쓸 때 원래의 출처에 관해서는 굳이 언급하지 않았다. 따라서 후대 사람들은 니체가 생각한 말로 오해하는 경우가 꽤 있지만, 사실 니체의 관심사는 엄밀하게 출처를 밝히는 것이 아니었고, 자신이 원조라고 주장할 생각도 없었다. 그저 당연하다는 듯이 마음에 드는 철학 용어들을 가져다 자신의 철학을 설명하는 데 쓴 것뿐이다.

연구서나 학술 논문처럼 엄밀하게 출처를 밝히고 논리적으로 주장을 전개하는 학문적 접근 방식에 관심이 없었기 때문이기도 하고, 따로 말을 안 해도 당시에는 상식처럼 쓰이던 개념도 있었다. 예컨대 '초인'이 그렇다. 모두 괴테의 『파우스트』를 읽어서 알고 있는 개념을 굳이 설명할 필요가 있나 하는 생각이 있지 않았을까.

니체는 원래 고전문헌학자여서 고대 그리스·로마 시대에 관한 지식이 풍부했다. 신문과 잡지도 많이 읽었고, 세속적인 이야기나 최신 과학 지식을 두루 좋아했다. 그래서 여기저기서 자신이 보고 듣고 재해석한 개념들을 재미있어하면서 자유롭게 사용했던 것 같다.

여남이 조금 길어졌지만, 키르케고르는 르상티망 개념을 『현대의 비판』이라는 책에서 처음으로 사용했다. 키르케고르는 실존주의 철학의 시조나 창시자로 불리며, 니체 역시 그 계보에 포함되기도 한다. 물론 니체가 자기 입으로 '실존'이라는 개념을 사용한 적은 없다.

그런데 왜 이들이 실존주의라는 이름으로 엮이는가? 키르케고르와 니체 철학의 공통점을 곰곰이 생각해보면, 르상티망과 가면이라는 개념이 공통적으로 떠오르는 걸 알 수 있다.

키르케고르는 자신의 이름을 숨기는 걸 좋아해서 익명을 많이 썼다. 여러모로 가면을 좋아한 철학자라

니체의 마지막 선물

할 수 있다. 풍자를 좋아한 점도 비슷해서, 니체가 키르케고르의 개념을 흔쾌히 받아들인 이유일 것이다. 『현대의 비판』은 세상에 대한 비평문 형식의 책인데, 이러한 대중 비판은 그대로 니체의 도덕 비판과도 이어진다.

키르케고르는 대중이란 평등을 원해서, 모든 것을 평균화한다고 주장했다. 그는 "질투는 수평화하는 관점이다"라고 말하면서, 사람들이 평균을 능가하는 무언가를 깎아내리기 좋아한다고 했다. 이러한 질투가 르상티망이다. 아마도 이 책을 읽은 니체는 이 개념을 도덕을 비판하는 데 이용할 수 있다고 생각했을 것이다.

이러한 대중 비판이나 현실 인식, 자기 자신을 계속 극복하려는 사고관은 훗날 실존주의의 기본 발상으로 연결된다. 이 때문에 니체와 키르케고르는 자신들이 직접 실존 개념을 사용했는지 여부와 상관없이 실존주의 철학과 긴밀하게 연결된 것이다.

지식에는 이론적 지식과 실천적 지식이 있다. 이

론저 지식이 학문이라면, 실천적 지식은 도덕이다. 니체는 이들을 모두 예술의 관점에서 설명하려고 했다. 그것이 바로 앞에서 살펴본 관점주의다. 이에 따르면 모든 사람에게 공통으로 적용할 수 있는 가치는 존재하지 않고, 어디까지나 일정한 관점에서만 학문과 도덕의 '보편성'이 성립된다.

니체는 궁극적으로 인간뿐만이 아니라 모든 생물이 힘에의 의지를 갖고 있다고 보았다. 이때 주류와 비주류를 나누는 것은 각자가 지닌 힘에의 의지의 차이다. 니체는 『우상의 황혼』에서 "나를 죽이지 못하는 것은 나를 더 강하게 한다"라는 유명한 말을 남겼는데, 이 역시 힘에의 의지를 강조하는 말이다.

그런데 약육강식의 논리가 통용되는 자연과 달리, 인간 세계에서는 '도덕'이 통용된다. 왜 그럴까? 바로 그 자체가 약자들이 만들어낸 일종의 사회적 안전장치이기 때문이다.

도덕을 파괴하다

앞서 살펴본 것처럼, 우리는 힘 있는 사람이 악인이고, 힘없는 사람이 선하다는 선입견을 무의식적으로 가지고 있다. 이러한 선입견에는 힘에의 의지를 행사하는 강자를 도덕적으로 열등한 존재로 배척하는 강한 르상티망이 담겨 있다. 니체가 사회적 도덕을 '노예 도덕'이라 부르며 맹렬하게 비난한 이유가 바로 이것 때문이다.

니체에게 중요한 것은 객관적인 지식이나 보편적인 도덕이 아니었다. 사람들이 저마다 자기 힘을 증대시키려고 애쓰는, 르상티망과 노예 도덕을 벗어던지고 스스로 지배자가 되려는 강력한 힘에의 의지야말로 최종적인 도덕의 근거라는 생각을 지니고 있었다. 바로 니체가 '귀족 도덕' 또는 '주인의 도덕'이라 부른 것이다.

니체가 쓴 『도덕의 계보학』은 종종 『도덕의 계보』라고 번역된다. 하지만 니체는 '계보학(Genealogie)'이라는 단어를 역사학의 한 분야에 속하는 뜻으로 사용했을 것이다. 따라서 여기서는 일관되게 '계보학'이라고 표기하겠다.

계보학은 왕족이나 귀족, 신화에 나오는 신들의 선조를 거슬러 올라가 계보를 만드는 학문이다. 실제로 성서에도 그리스 신화에도 계보가 반드시 등장하며, 왕족이나 귀족 등의 유력자 가문에는 반드시 가계도가 존재한다. 그래야 어느 가문끼리 혼인을 맺고, 어떤 자녀가 태어나 가계가 이어졌는지 계속 추적할 수 있기 때문이다. 그렇게 족보가 명확한 가계야말로 우수한 가문으로 인정된다.

반대로 계보를 추적할 수 없는 사람은 근본을 알 수 없는 자로 치부됐다. 자연스럽게 계보학은 자신의 혈통과 명예를 증명하기 위한 수단이었고, 귀족은 학자에게 큰돈을 후원하면서 자신의 가계도를 만들게 했다.

사실 일본에서는 계보학이 학문으로 확립되어 있지 않다. 하지만 조상이 에도시대의 무사였다든지,

선조를 거슬러 오르면 헤이안 시대 명문가인 겐지씨와 관련이 있다든지 하면서, 자기 가문을 자랑하는 사람은 지금도 꽤 있다. 이처럼 계보나 가계도는 기본적으로 자신의 명예를 과시하기 위한 것이다. 하지만 니체는 오히려 계보학의 그러한 맥락을 철저하게 파괴하려 했다.

『도덕의 계보학』은 도덕이 어디에서 생겨났는지를 알아내고 찾아가는 책이다. 여기서 니체는 계보학의 원래 의미를 의도적으로 반전시켰다. 계보를 따라 올라가면서 그 기원과 태생부터 얼마나 뛰어났는지를 밝히는 것이 아니라, 오히려 반대로 거만하게 구는 이의 태생을 적나라하게 폭로함으로써 현재의 권위를 무너뜨리려 했다. 마치 유명인의 스캔들을 폭로하는 주간지의 수법에 가깝다고 할까. 과거를 돌아봄으로써, 오히려 현재 근사하다고 여겨지는 가치를 그 근원부터 파괴하려 한 것이다.

물론 요즘에는 기원이나 태생의 좋고 나쁨을 따지는 것이 현재와 얼마나 연결되는가 하고 생각할 수 있다. 다만 태생이 현재의 영광에 직결된다고 굳게 믿고 있던 시대에는 이러한 수법이 매우 효과적인 '역습 수단'이 되었다.

왜 착한 사람이 가장 나쁜가?

앞에서 악인과 선인에 대한 사람들의 선입견을 언급했다. 니체는 이를 뒤집어 이렇게 말한다. 나쁜 사람이 아니라, 오히려 착한 사람이 가장 나쁘다고. 어째서 그런가?

『도덕의 계보학』에서 니체가 던진 근본적인 물음은 '도덕은 애초부터 좋은 것인가?' 하는 것이다. 우리는 학교에서 도덕이 우리의 판단과 행동의 옳고 그름을 구분하는 근거가 된다고 배운다. 따라서 도덕은 모든 사람이 반드시 익혀야 하는 것이다.

니체는 바로 그 지점을 무너뜨리려 했다. '올바른 척'하는 도덕의 본질을 계보학을 통해 그 태생부터 파헤쳐서, 그 근원이 르상티망에 있다고 폭로해버린 것이다. 도덕은 절대적으로 옳은 게 아니라, 어디까지나 약자의 시기심을 정당화한 것이다. 그러니 그런 식의 사회적 도덕을 가르치는 것은 그만두자. 이것이 도덕을 공격하는 니체의 목적이다.

대표적인 예를 살펴보자. 니체는 '좋다(gut)'라는 단어에 두 가지 의미가 내포되어 있다는 점을 포착한다. 하나는 '나쁘다(schlecht)'에 대치되는 것으로 우수하다는 의미의 '좋다'이다. 원래 '좋다(gut)'라는 단어는 귀족을 가리키는 '고귀함', '기품 있음'이라는 뜻으로, '나쁘다'는 단어는 평민을 가리키는 '소박한', '단순한'이라는 뜻으로 쓰인 것이다. 능력이 뛰어난 사람을 '좋다'고 하며 능력이 없는 사람을 '나쁘다'라고 부르는 것은 이런 의미에서다.

이에 반해, 도덕에서는 그 의미가 완전히 달라진다. 도덕적으로 '좋다(gut)'는 것은 능력과 별개로 '선'과 '악(böse)'의 대치로 언급된다. 니체는 이러한 용례는 귀족이 아니라 약자가 생각해낸 단어라고 말한다.

'악(höse)'이란 단어는 '야만인(Barbar)'에서 유래한 것인데, '대담함', 육체적인 '강인함', '자유분방함'과 같은 의미와 연결된다. 바로 귀족들이 지닌 덕목이기도 하다.

니체에 따르면, 이렇게 귀족에게 억압당한 약자는 도덕을 발명함으로써 자기 자신을 위로한다. 귀족과는 힘으로는 겨룰 자신이 없기 때문이다. 그렇다면 방법은 두 개다. 대등한 힘을 길러서 싸우든지, 아니면 집단을 이뤄 힘이 있는 사람을 끌어내리든지. 이때 힘이 있는 사람을 끌어내리는 방식 중의 하나가 바로 '좋다'는 의미를 바꿔 상대를 끌어내리는 것이다. 무엇을 통해서? 바로 도덕을 통해서 말이다.

이들에게 도덕은 자기 자신이 힘이 없다는 상황을 정당화하고 위로하는 도구다. 예컨대, 남에게 힘을 행사하지 않고 인내하고 겸손하고 베풀며 사는 것이 선하다는 식으로 바꿔서 생각하는 것이다. 마치 들어갈 수 없는 포도밭의 포도를 눈으로만 보고 "저 포도는 시어서 아무도 못 먹을 거야"라고 외치는 『이

숍 우화』속 여우의 모습처럼.

약자는 이렇게 생각한다. '우리는 저렇게 비도덕적이고 악한 존재가 되지 말자. 선한 존재가 되자. 남에게 힘을 휘두르지 않고, 해치지 않고, 우리처럼 매사에 인내하면서 겸손하자' 하고 말이다. 니체에 따르면, 이것은 비겁한 정신승리이자, 강자에 대한 가스라이팅이다.

모든 것을 뒤엎는 전복의 철학자

이처럼 일반적으로 통용되는 어떤 의미를 그 근본부터 뒤엎고 폭로하는 것은 니체가 자주 사용하는 수법이다. 니체는 이를 통해 '망치를 든 철학자', '전복의 철학자'라는 별명을 얻기도 했다.

한국이나 중국과 달리 일본에서는 계보학이 그렇게 체계를 갖추지 못해서, 『도덕의 계보학』의 숨겨진 의도를 잘 이해하지 못하는 이가 많다. 나도 니체를 공부할 때 이상하게 생각돼서 독일의 철학 사전을 조사해봤다. 그러자 계보학은 17세기 무렵에 유럽에서 성립된 학문이었고, 니체는 그걸 철저하게 비판해서 그 의미를 바꾸어 썼다는 설명이 실려 있었다.

이처럼 계보학을 철학적으로 활용한 것은 니체가 처음이다. 이후에는 프로이트와 카를 마르크스도 비슷한 시도를 했고, 미셸 푸코도 이 방법을 적극적으로 활용했다.

생각해보면, 우리는 살아가면서 당연하게 생각하는 것들이 꽤 많다. 스스로 생각해보기도 전에 사람들이 옳다고 말하는 걸 옳다고 믿는 것이다. 모두가 당연히 배우고 무조건 존중해야 한다고 믿는 도덕에 대해 의문을 품고 비판적으로 바라보게 했다는 점에서, 계보학적 시도의 위력은 매우 강력하다.

앞서 우리는 니체가 패러디를 좋아했다는 것을 살펴봤다. 이처럼 그는 원출처에 대해 그 본래의 의미대로 쓰는 것이 아니라 자신 나름의 독창적인 해석과 방법으로 사용하고는 했다. 이런 점에서도 그의 예술가적 면모가 엿보인다.

　니체는 이처럼 상대의 무기를 이용해 반격하는 걸 좋아했다. 씨름으로 치면 뒤집기 기술에 해당한다. 본래의 해석과 사용 방법이 있고 당시에 상식이라고 여겨지는 개념이 있다면, 그걸 근본적으로 뒤엎어 버리는 것이다. 그는 원래의 의미는 전혀 신경 쓰지 않았다. 오직 그 개념을 사용해 어떻게 놀 수 있고 어떤 독창적인 패러디를 만들 수 있느냐가 중요했기 때문이다.

　사실 철학과 예술을 포함한 많은 것이 그렇다. 흔히 새로운 철학, 새로운 예술, 새로운 기술이라고 말하면 어떤 생각이 드는가? 과거와는 전혀 상관없는 완벽하게 독창적인 개념을 떠올리기 쉽지만, 현실은 그렇지 않다. 오히려 새로운 것들은 니체가 취한 방법과 비슷하게 만들어진다. 이전에 없던 것을 새롭게 발견하고 만들어내는 것이 아니라, 기존에 있던 개념의 정의를 뒤집거나 비판적으로 계승함으로써 만들어진다. 완전히 아무것도 없는 상태에서 새로운 것을 만들어낸 경우는 거의 없다.

예를 들어, 고대 그리스로 거슬러 올라가 보자. 플라톤은 스승 소크라테스의 철학을 계승하여 완성을 시킨 철학자다. '이데아론'으로 가장 잘 알려져 있을 텐데, 사실 이 개념에도 원조가 있다. 이데아론은 원래 피타고라스학파의 개념이었다고도 하고, 혹은 '원자론'을 주장한 데모크리토스가 최초로 사용한 말이라고도 한다.

고대 철학자들의 생애를 정리한 『그리스 철학자 열전』의 저자 디오게네스 라에르티오스에 따르면, 플라톤은 데모크리토스를 굉장히 싫어해서 그의 책을 전부 불태우라고까지 했다고 한다. 그를 왜 그렇게 싫어했는지 정말 책을 전부 불태웠는지는 정확히 알수 없지만, 확실히 플라톤의 책에는 데모크리토스의 이름이 한 번도 등장하지 않는다. 아카데메이아(플라톤이 기원전 387년경에 아테네 서쪽 교외에 창설한 철학 학원-옮긴이)에서는 데모크리토스의 이름을 언급하는 것조차 금지했던 걸까.

니체의 마지막 선물

비록 플라톤은 데모크리토스를 굉장히 싫어했지만, 실제로 그는 '웃음의 철학자'라는 별명이 있을 만큼 유쾌한 사람이었던 것 같다. 데모크리토스는 부모에게 물려받은 재산으로 세계 여행을 떠났는데, 이집트에 가서 기하학을 배우고, 페르시아로 가서 점성술을 배웠다. 심지어 인도와 에티오피아까지 가서 그곳 현자들과 교류했다는 말도 전한다. 오늘날에도 이런 식으로 해외여행을 하면 돈이 무척 많이 드는데, 과거에는 당연히 경비가 훨씬 많이 들었다. 결국 전 재산을 탕진했고, 고향에 돌아와서는 형제에게 생계를 의지했다.

그런데 당시 그리스에서는 부모의 유산을 탕진하는 것이 죄가 됐다. 결국 재판정에 서게 되었는데, 결국 무죄로 풀려나게 됐다. 자신이 여행하며 보고 듣고 배운 것들을 풀어내자, 재판관은 이렇게 탄복했다고 한다. "당신은 유산을 낭비한 게 아니라, 마르지 않은 지식으로 바꾸었군요."

데모크리토스의 책은 오늘날 거의 남아 있지 않

다. 원래 플라톤이 남긴 깃과 비슷한 정도의 책을 썼다고 하는데, 그것들이 모두 남아 있었다면 철학의 역사가 달라졌을지도 모르겠다.

다시 니체의 이야기로 돌아오면, 『도덕의 계보학』은 그야말로 색다른 관점에서 쓰인 책이다. 도덕이 얼마나 추하고 비루한 근원에서 생겨났는지를 폭로하면서, 그것을 존중하고 공경하는 사람들을 비판하는 모습은 다소 지나치게 느껴지기도 하지만 말이다. 아무튼 이처럼 모든 것의 의미를 바꿔 전용하는 발상은 훗날 포스트모던 사상가들이 니체를 좋아한 중요한 이유가 됐다.

최근에는 니체의 계보학 외에도 그 유래를 알아내려는 연구들이 있다. 주로 진화론적으로 도덕의 기원을 묻는 시도가 이루어지고 있는데, 어떠한 특정 집단 속에서 만들어졌다든가, DNA라든가, 밈(meme, 모방을 통해 사람들 사이에 전달되고 유행하는 문화 정보. 리처드 도킨스의 『이기적 유전자』에서 처음 제시된 학술 용어로 원래는 유전자처럼 타인에게 계속 전달되는

인간의 문화, 언어, 종교, 사상 등을 말한다-옮긴이) 등을
진화론적인 형태로 설명하는 연구가 그것이다.

진화론적으로 도덕을 설명하면 '인간은 사회적
존재이자 이타주의적이다'라는 결론이 나는 경우가
많은데, 이에 대해 니체는 냉소적으로 말할 것이다.
인간은 이타주의적이지 않고, 사실 이타주의라는 개
념 자체가 수상하다고.

기독교가 퍼뜨린 약자의 르상티망

※

니체는 기독교 집안에서 자란 유럽인이었지만,
종교 특히 기독교에 굉장히 비판적이었다. 당시 유럽
사회에서 도덕은 '가난하고 힘없는 사람을 돕자'는 기
독교적 이웃 사랑의 가르침에 기초했다. 하지만 그런
식으로 학교에서 가르치고 사회에서 강요되는 도덕
과 규범, 예절 따위야말로 니체가 맹렬하게 비판하는
노예 도덕이었다.

그러한 사회적 규범을 보증하던 존재, 예컨대 기독교의 신은 약자를 돕는 것이 좋은 일이라며 이웃 사랑을 말하지만, 태초의 선악, 본래의 선악까지 그러한 의미였는가? 하고 니체는 묻는다.

니체는 인간을 비롯한 온갖 생물의 기본적인 관계성은 힘과 힘의 대결에 있다고 보았다. 도덕이 아직 성립되지 않은 시대, 즉 자연의 세계에서는 강한 힘이야말로 '좋은' 것이며, 오히려 힘이 약한 것이 '나쁜' 걸로 여겨졌다. 니체는 이러한 가치 기준을 '귀족 도덕'이라고 부른다. 이러한 이해는 고대 그리스에서 통용되던 것이다. 고대 그리스에서는 탁월함, 즉 능력을 최대한 발휘하는 것을 훌륭한 것으로 여겼다.

좋은 것이란 어떤 것에 대한 능력이 있는 것이며, 나쁘다는 것은 그것을 수행할 능력이 없다는 뜻으로 오늘날에도 흔적이 남아 있다. 가령 '좋은' 스포츠 선수는 능력이 있거나 우수하다는 것을 의미하며, '나쁜' 스포츠 선수는 능력이 없거나 열등하다는 것을 의미하는 식으로 말이다.

니체의 마지막 선물

니체는 이처럼 힘이 있고 없음을 평가의 축으로 삼는 사고방식이 기독교로 인해 바뀌었다고 주장한다. 즉, 기독교가 로마제국의 국교가 되고 유럽 사회의 지배 이데올로기가 되면서, 힘이 강한 사람은 오만하고 타인을 생각하지 않으며 이기적이고 비도덕적으로 여기게 됐다는 것이다.

이러한 이해는 오늘날 우리 사회에서도 마찬가지다. 지금도 다소 자기중심적이라든가 겸손함이 부족한 사람은 남에게 특별히 피해를 주는 것이 없어도 쉽게 비난을 받는다. 이와 반대로, 타인에게 겸손하고 주변 사람을 잘 돕는 이타적인 사람이 높은 평가를 받는다. 니체에게는 이것이야말로 약자가 자신을 정당화하기 위해 만들어낸 도덕, 즉 노예 도덕이었다. 그리고 이러한 노예 도덕을 만들어내고 사회의 주도적인 이념으로 만들어낸 것이 교회 조직이며 수도사였다.

기독교에는 "원수를 사랑하라", "네 이웃을 네 몸과 같이 사랑하라"라는 사상이 있다. 또한 "부자가 천국에 가는 것보다 낙다가 마늘귀로 들어가는 게 쉽다", "가난한 사람은 복이 있나니"라는 성경 구절도 있다. 이 말을 처음 접하면 대개 '왜 가난한 자가 복이 있는 걸까' 하는 의문이 든다. 이때, 부자는 오만하고 타인에 대한 배려심이 없기에 가난한 사람이야말로 다양한 인간성을 갖추고 있다는 식의 설명을 들으면 왠지 납득이 되는 식이다.

니체에게는 이런 인식이 자기기만이자 진실을 날조하는 것이다. 그는 민주주의나 평등주의 같은 사고관 역시 기독교에서 생겨난 노예 도덕이라며 비판했다. 이런 식의 사고가 모두 힘에의 의지를 포기한, 약자의 르상티망이자 왜곡된 정당화라고 생각했기 때문이다.

그의 철학에 대해 지나치게 엘리트주의, 개인주의적이고 능력주의를 지나치게 긍정한다는 비판이 있다. 어쩌면 타당한 면이 있는 지적이다.

니체의 마지막 선물

누가 진짜 강자인가

✲

지금까지 살펴본 바에 따르면, 니체는 힘에의 의지를 지닌 강자를 맹목적으로 높게 평가하면서, 약자를 혐오하는 것처럼 보인다.

그런데 니체의 철학에서 강자와 약자, 귀족과 노예라는 용어는 어떤 뜻으로 사용됐는지 신중하게 살펴야 한다. 그가 강자나 귀족을 칭송했다고, 실제로 당시의 권력자들을 힘 있는 자, 즉 강자로서 숭배했던 것은 결코 아니다. 그의 생각에 고대 그리스 이래로 진정한 강자는 모두 기독교에 의해 축출되어 이제는 존재하지 않는다. 강자가 나타나려고 하면 주위가 모두 짓뭉개버리는 탓에 온통 약자들만의 세상이 되었다.

누군가에게 물려받은 경제적 자산을 자랑하거나 정치적 권력을 마구 휘두르는 이는 자신의 내면에서 우러나오는 강함, 즉 힘에의 의지를 추구하는 진정한 강자와는 완전히 다른 존재다. 오히려 그런 사람은 약자에 가깝다. 니체가 생각하기에 기독교는 물론 민주주의, 그리고 사회주의 사상도 모두 약자의 연장선 위에 있다.

그는 권력이나 부를 통해 현실의 지배권을 가지고 있거나 집단의 힘으로 밀어붙이는 사람들도 강자라고 생각하지 않았다. 이런 맥락에서 생각할 때, 니체는 결코 나치와 연결될 수 없다. 나치는 니체의 초인 개념을 가져와 히틀러야말로 그가 말한 초인이라는 식으로 교묘하게 이용했다. 아마도 니체가 살아 있었더라면 기겁을 했을 것이다. 그는 오히려 유럽 사회 곳곳에 만연했던 유대인에 대한 집단적인 차별과 혐오 감정을 엄청나게 비난했다. 진정한 강자란 약자에게만 강한 존재가 아니라, 오히려 강자에게 강하게 맞서는 존재다.

이러한 개념에 따르면, 오늘날 우리 사회의 지배층은 대부분 약자에 속한다. 그저 우연히 힘을 얻고 지배권을 쥐고 있을 뿐이다. 그렇다면 지배권이 없는 약자는 왜 비판한 걸까. 그들이 스스로 의지로 힘을 추구한 것이 아니라, 오히려 자신의 힘이 없는 것을 정당화해서 사회의 헤게모니를 장악하려고 하기 때문이다.

니체의 관점에서 그러한 행태는 성실하지 않다. 니체는 약자든 강자든 모든 사람이 힘에의 의지를 갖고 있다고 본다. 약자가 강자에게 르상티망을 품고 노예 도덕을 통해서라도 끌어내리려고 하는 것 역시 그런 의지의 표현이지만, 결국 스스로 힘을 갖는 것은 부정한다. 결코 성실한 태도가 아니며, 이런 왜곡된 생각을 버려야 진정한 강자가 된다는 게 니체의 사고관이다.

그렇다면 니체가 말하는 강자는 대체 누구인가? 높은 지위와 권력으로 서민이나 가난한 자를 업신여기는 사람? 아니다. 반대로 노예 도덕을 이용해 자기 합리화를 하는 약자도 당연히 아니다. 니체가 생각하는 강자는 신과 같은 행동을 취하는, 아마도 프로메테우스 같은 존재를 상정하고 있었으리라.

그리스 신화 속 티탄 신족인 프로메테우스는 최

고신 제우스의 매서운 경고에도 불구하고, 신들에게 반항하면서 약자인 인간에게 불을 전해준다. 그리고 독수리에게 영원히 간이 쪼아 먹히는 고통스러운 형벌을 기꺼이 감내한다.

니체는 노예 도덕과 대비되는 진정한 도덕에 대해 다음과 같이 설명한다.

> 도덕은 자기 자신에 대한 찬미다. 충만하고 넘쳐흐르는 힘의 느낌, 고도의 긴장에서 오는 행복감, 베풀고 싶어 하는 풍요로움이 그런 도덕의 전경에 드러나 있다. 고귀한 인간도 불행한 자를 돕지만, 동정에서가 아니라 넘쳐나는 힘에서 비롯된 충동에서 돕는다. 고귀한 인간은 자신 안에 존재하는 강자를 존중한다. 이러한 강자는 자신을 제어할 힘을 가지고 있으며, 말하고 침묵하는 법을 알고 있고, 자기 자신을 엄격하고 혹독하게 다루는 데서 기쁨을 느끼며, 엄격하고 혹독한 모든 것을 존경한다.
>
> - 『선악의 저편』 중에서

도덕은 사회 집단을 성립하고 유지하기 위한 일종의 교정 장치다. 니체는 그것을 『선악의 저편』에서 비판하는데, 아마도 자신에게는 사회적 기준과 다른 자신만의 기준이 있었을 것이다.

　그것을 들뢰즈 등 현대 프랑스 포스트모던 철학자들은 스피노자의 '윤리' 개념과 연결짓는다. 다만 니체는 그와 같은 의미에서 윤리라는 말을 사용하지는 않았다. 아마 그의 후계자들이 패러디를 즐겼던 스승의 방법을 다른 방식으로 잘 계승했다고 볼 수 있겠다.

6장

삶에 끌려다니지 말라

당당한 초인으로 사는 법

나는 그대들에게 초인을 가르치려 하노라. 인간은 극복되어야 할 그 무엇이다. 그대들은 자신을 극복하기 위해 무엇을 했는가? 지금까지 존재하는 모든 자는 자신을 뛰어넘을 무언가를 창조했다. 그런데 그대들은 이 거대한 밀물의 한가운데서 썰물이기를 원하는가? 자신을 극복하기보다는 도리어 동물로 되돌아가기를 원하는가?

- 『차라투스트라는 이렇게 말했다』 중에서

　인생이 괴롭다고 말하는 사람이 있다. 반대로 인생은 즐겁다고 말하는 사람도 있다. 이들의 차이는 어디서 발생하는 걸까?

　아마 다양한 이유를 들 수 있을 것이다. 돈의 차이, 권력의 차이, 자유의 유무 등⋯. 그런데 그 모든 것들을 한마디로 표현하면 바로 '삶의 주도권'이라 할 수 있지 않을까? 주도권을 쥔 사람은 어떤 어려움도 기쁘게 이겨낼 수 있지만, 그러지 못한 사람은 인생이 그야말로 고통의 연속일 테니까.

　니체 철학의 핵심 메시지도 이와 같다. 그는 우리에게 '네 삶의 주도권을 타인에게 넘기지 말고, 스스로 쥐고 있으라'고 말한다. 매우 유명한 개념으로 철학이나 니체를 잘 알지 못하는 사람도 한 번쯤은

들어본 적 있을 법한 '초인'이라는 개념 역시 이러한 메시지와 연결돼 있다.

니체는 '초인'을 긍정했는가?

초인은 많은 오해를 받는 용어다. 이 말을 들으면, 언뜻 엄청난 초능력을 지닌 만화 캐릭터인 '슈퍼맨'을 떠올리게 된다. 당연히 니체는 이런 의미에서 초인이 되라고 말하진 않았다. 철학자들은 오해를 피하려 독일어 표현을 그대로 써서 '위버멘쉬(Übermensch)'라고 쓰기도 한다.

초인, 또는 위버멘쉬 개념이 니체에게도 정말 중요한 것이었는지는 연구자들 사이에서도 의견이 갈린다. 그도 그럴 것이 이 용어는 『차라투스트라는 이렇게 말했다』에서 집중적으로 사용된 반면, 유고집 등 일부를 제외한 다른 책에는 거의 나오지 않기 때문이다.

니체의 마지막 선물

실제로 니체가 '초인'을 어디까지 긍정했는지는 분명하지 않다. 어쩌면 그 개념을 그다지 강조할 생각이 없었는지도 모른다. 그는 『차라투스트라는 이렇게 말했다』에서 이렇게 말한다. "지금까지 초인은 한 번도 존재하지 않았다. (…) 나는 가장 큰 사람조차 너무나도 인간적이라고 생각했다."

하지만 용어의 강력함 때문인지, 많은 이가 이 말에 큰 영감을 받았다. 물론 그중에서는 나쁜 사례도 있다. 바로 나치와 히틀러다. 그들은 '순수 독일인(아리아인)'의 우수성을 말하면서, 자신들을 '위버멘쉬'라고 부르고 유대인이나 슬라브인, 집시 등을 '운터멘쉬'라고 칭했다.

당연히 니체의 초인 개념은 나치가 썼던 것과는 전혀 관련이 없다. 하지만 그만큼 강력하고 매혹적인 개념이기에, 오늘날에도 이 말은 마치 니체 철학의 정수를 담고 있는 것처럼 이야기된다.

최근 연구에서도 니체가 초인이라는 말을 사용한 것은 시기적으로 상당히 한정되어 있으며, 그다지 적

극적으로 사용한 개념이 아니라는 주장이 있다. 아마
도 니체의 많은 저작 중에서 『차라투스트라는 이렇게
말했다』가 가장 유명한 것도, '초인' 개념이 부각되는
데 영향을 주었을 것이다.

많은 사람이 초인을 니체의 독창적인 사상처럼
생각하고 있지만, 앞서 2장에서 살펴본 것처럼 이 개
념은 고대 그리스 시대부터 줄곧 있었다. 초인은 프
로메테우스와 같이 영웅적인 행동을 하는 존재로 괴
테 역시 『파우스트』에서 그 존재를 묘사했다. 위버멘
쉬란 독일어로 '넘어선 사람'을 뜻한다. 지식과 행복
에 대한 끊임없는 욕망을 지녔던 파우스트는 과거의
자신을 계속 넘어서려 한다는 점에서 니체가 말한 초
인과 연결된다.

이 개념은 『차라투스트라는 이렇게 말했다』에서
는 많이 쓰였지만, 나중에까지 그의 핵심 사상으로서
살아남았는지 여부는 잘 살펴볼 필요가 있다.

니체의 마지막 선물

도대체 '초인'은 무엇인가?

초인 사상이 쓰인『차라투스트라는 이렇게 말했다』는 3부작으로 출간되었다가, 나중에 4부가 쓰였다. 이 4부는 자비 출판으로 40부 정도만 찍어서 친구들에게만 나눠주고 마지막에 회수했다.

『차라투스트라는 이렇게 말했다』를 읽으면 누구나 바로 알 수 있는데, 애초부터 하나의 이야기로 완성되었다고는 말하기 어려울 정도로 난해하다. 니체의 특기인 패러디와 아포리즘이 가득한 책이어서, 기독교나 도덕에 대한 비판도 암시적이고 파편적으로만 묘사되어 있다. 니체 철학 전공자들이 괜히 맨 처음에 읽지 말아야 할 책이라고 하는 게 아니다.

그 사상들은 훗날『선악의 저편』이나『도덕의 계보학』,『우상의 황혼』등에서 좀 더 자세히 표현되는데, 거기서도 초인에 관해서는 인간이 추구해야 할 하나의 목표인 것처럼 말하면서도 구체적으로 어떤 것인지 그래서 대체 초인이 무엇인지에 대해서는 자세한 설명이 없다.

초인에 대한 설명은 이번 장의 서두에 인용한 부분이나 "인간은 짐승과 초인 사이에 매인 밧줄, 심연 위에 매인 밧줄이다"라는 식의 비유밖에 없다.

이러한 발상은 어떻게 탄생한 걸까? 아마도 다윈의 진화론과 연관이 있을 것이다. 니체가 다윈의 사고관을 어디까지 이해하고 받아들였는지는 모르지만, 힘에의 의지 같은 개념도 생존 투쟁이라는 진화론적 관점에서 이해하면 그렇게 어려운 이야기는 아니다. 힘에의 의지가 인간뿐만 아니라 모든 생명체에 존재한다는 생각, 인간이 원숭이에서 초인으로 향하는 중간 단계라는 설명에서도 진화론의 영향을 느낄 수 있다.

니체에게 가장 중요한 것은 자신의 힘을 타인의 도움을 받지 않고 스스로 높이는 일이었다. 그는 이 세계는 힘에의 의지이며, 그 이외의 아무것도 아니라고 과감하게 말한다.

신의 죽음을 선언하거나 관점주의를 채택해 세상

을 이해하는 것도, 도덕에 대해 열띤 비판을 가하는 것도, 그 뿌리에는 모두 힘에 대한 의지가 기본 원리로 깔려 있던 것이다. 그리고 그걸 나타내는 궁극의 인간 모델이 바로 초인이다. 즉, '초인은 대체 무엇인가?' 하는 물음에는 '힘에의 의지가 극한으로 발현된 형태'라고 단순하게 답할 수 있겠다.

그렇다면 초인은 니체의 철학에서 상당히 중요한 개념이 될 것 같은데 왜 구체적으로 다루지 않았을까? 니체가 정확히 어떤 생각을 지녔는지는 알 수 없다. 다만 지금까지 초인은 한 번도 존재하지 않았다고 말한 데서 알 수 있듯이, 현실에 실재하지도 않는 존재를 구체적으로 묘사할 필요는 없다고 생각했는지 모른다.

우리에게 중요한 건 이 개념을 어떻게 삶에 적용할 것이냐 하는 것이다. 유의해야 할 점은 앞서 5장에서 살펴본 것처럼, 힘에 대한 의지를 지닌 초인이라고 해서 제멋대로 자기 힘을 타인에게 휘두르는 막돼먹은 인간이라고 오해해선 안 된다는 점이다. 그것은 힘을 자기 의지대로 자유롭게 휘두르는 것이 아니라, 오히려 그 힘에 제멋대로 휘둘리는 것일 뿐이다. 『선악의 저편』에서 언급한 것처럼 "강자는 자신을 제어할 힘을 가지고 있으며, 말하고 침묵하는 법을 알고 있고, 자기 자신을 엄격하고 혹독하게 다루는 데서 기쁨을 느끼며, 엄격하고 혹독한 모든 것을 존경"하는 사람이다.

이와 같은 묘사에 따르면 초인은 오히려 동양의 성인 군자에 가까워 보이기도 한다. 공자는 일흔 살이 되었을 때 '종심'의 단계에 이르렀다고 말한 적 있는데, 이는 마음이 내키는 대로 행동해도 모든 것이 이치와 법도에 맞아 어긋나지 않을 정도였다는 뜻이다. 이 지점에서는 우리에게 익숙한 슈퍼맨 캐릭터를 떠올려도 좋다. 마음만 먹으면 온 세상을 마음대로 휘두르거나 파괴해버릴 수도 있는 엄청난 힘을 지녔음에도, 슈퍼맨은 질서를 지키고 세상을 평화롭게 지키는 일에 그 힘을 사용한다.

즉, 초인은 자신의 힘과 의지를 잘 통제하며 활

용할 줄 안다. 니체는 『차라투스트라는 이렇게 말했다』에서 모든 생명에 힘에의 의지가 있다고 했다. 그렇다면 도덕이나 학문도 그 의지가 작용한 게 아닌가 하는 물음이 생길 수 있다. 맞다. 하지만 그것은 르상티망에 의해 만들어진, 정상적인 의지의 작동을 막는 부정적인 허상이다. 니체는 그걸 부수고 긍정적이고 힘이 넘치는 새로운 질서를 세우려 한 것이다.

초인은 세상을 어떻게 살아가는가

초인과 함께 니체 철학의 핵심이자 가장 근본적인 사상은 영원회귀다. 영원회귀란 지금까지 여러 번 설명했듯이, 자신이 살아온 일이 좋은 일이든 나쁜 일이든 완전히 똑같이 무한대로 반복된다는 의미다. 『차라투스트라는 이렇게 말했다』에서 던진 이 무거운 물음은 형이상학적으로 읽을 수도 있지만, 반대로 굉장히 현실적인 것으로 이해할 수도 있다.

■■ 에드바르트 뭉크, 〈프리드리히 니체〉, 1905.

니체의 초인 사상은 많은 예술가에게 영감을 주었다. 〈절규〉로 유명한 뭉크도 초인 사상에 심취했고, 두 장의 추모화를 남길 정도로 니체에 푹 빠져 있었다.

당장 우리의 일상을 돌아보라. 특별하고 행복한 일로 가득했는가? 아니면 별로 다르지 않은 하루하루의 반복인가? 니체의 물음은 이렇게 바꿀 수 있다. '당신의 인생은 계속 반복될 것이다. 아무런 변화도 없이 지금과 똑같이 살아가도 좋겠는가?', '내일 할 일은 어제 한 일과 모두 똑같고 이미 답이 보인다. 이렇게 따분한 일은 없는데도 당신은 살아가겠는가?' 하는 물음이다.

　　이 영원회귀라고 불리는 사상에 대해서 니체는 '그래도 나는 살아가겠다. 똑같은 인생이여, 다시 한 번!'이라고 답해야만 한다고 말한다. 왜냐하면, 우리는 죽지 않고 어떻게든 살아 있기 때문이다.

　　살아 있으면서 살아갈 일을 부정하고 회피하려 하는 것은 거짓된 발상이다. 니체는 '인생이 근본적으로 고통이며 의미 없다', '살아갈 가치 따위는 없다'는 식으로 말하면서도 태연하게 살아가는 것은 모순이라고 생각했기에, 살아 있는 한 어떤 형태로든 인생을 긍정해야만 했다.

하지만 우리의 인생이 그다지 특별한 의미도 없고(허무주의), 똑같은 일을 무한 반복하는 데 지나지 않는다면(영원회귀), 대체 어떻게 그런 인생을 긍정할 수 있단 말인가? 이러한 인식은 양립할 수 없는 모순이 아닌가?

그래서 필요한 것이 바로 '힘에의 의지'의 긍정이며 '초인'으로 건너가는 것이다. 초인은 힘에의 의지를 모델화한 것으로, 영원회귀를 기꺼이 긍정할 수 있는 본보기다.

장기 여행을 떠났다고 가정해보자. 여행을 하다 보면, 모든 일이 계획하고 생각했던 것처럼 흘러가지 않는다는 걸 알게 된다. 또 유쾌하고 좋은 일만 있는 것이 아니라 슬프고 괴로운 일도 만난다. 하지만 그 모든 경우에도 좌절하거나 중도 포기를 하지 않고 자신의 의지대로 여행을 끝마치고 나면, 그 모든 여정은 기쁨으로 남는다.

우리의 인생 역시 그러하다. 니체가 초인을 통해 설명하려 했던 것은 하나의 완성된 인간상을 제시하려 했던 게 아니다. 그의 비유에 따르면 인간은 짐승과 초인 사이에 매인 밧줄, 심연 위에 매인 밧줄 위에 서 있는 존재다. 저편으로 건너가는 것도 위험하고, 건너가는 도중도 위험하며, 중간쯤 가서 뒤돌아보는 것도 위험하고, 그렇다고 덜덜 떨며 멈춰 서는 것도 위험하다.

마치 우리 인생에 대한 비유 같지 않은가? 실로 위대한 인간, 니체 식으로 말하면 초인은 모든 면에서 완벽한 존재, 괴로움과 두려움이 없는 존재가 아니다. 다만 괴로움과 두려움을 외면하지 않고 용기 있게 마주하면서 기꺼이 견디고 이겨낼 줄 아는 사람이다. 굳이 삶의 보람을 찾아내 살아가지 않아도, 곳곳에서 고통과 허무와 후회를 마주하더라도, 끝끝내 그 삶을 자기만의 방식으로 당당하게 살아내는 사람이다.

인생이 정말로 고통과 권태를 오가는 것이라면, 그걸 견디는 방법은 삶의 보람을 찾거나 쇼펜하우어처럼 예술로 도피하는 것이 일반적이다. 하지만 니체는 살아가는 일이 같은 일의 반복이라는 전제를 인정하고, 그럼에도 그것을 긍정한 모델을 내세우려 했다. 그게 바로 초인이다. 니체의 내면에는 '초인'에 대한 몇 가지 설정이 있었던 것 같은데, 바로 힘에의 의지를 지닌 존재, 그리고 영원회귀를 기꺼이 견뎌내는 본보기로서의 존재다.

영원회귀를 생각하면서 인생 자체에는 의미가 없다는 것을 인정한다. 동시에 삶 자체를 부정하지 않고 오히려 긍정한다. 니체는 이러한 인식을 완성하기 위한 모델로서 초인 개념을 제시한 것이다.

이와 반대로, 인생은 시시하고 살아갈 의미 따위는 없다고 자조적으로 말하는 사람은 약자다. 니체는 쇼펜하우어처럼 무의미와 고통이라는 삶의 진실로부터 도피하려는 태도는 잘못이라고 말한다. 우리는 그런 진실을 외면하지 않고, 자신만의 방법으로 사랑해야 한다. 이것이 바로 니체가 말하는 운명에 대한 사랑(아모르파티)이다.

니체의 마지막 선물

삶의 여정을 걷는 우리는 모두 여행자다. 가장 비참한 여행자는 누군가를 따라가는 인간이며, 가장 위대한 여행자는 자신의 모든 지혜를 남김없이 발휘해 스스로 목적지를 선택하는 인간이다.

- 『인간적인, 너무나 인간적인』 중에서

7장

아이처럼 명랑하게 살아라

낙타, 사자, 어린아이의 가르침

나는 그대들에게 정신의 세 가지 변화에 대해 말하고자 한다. 어떻게 정신이 낙타가 되고, 낙타는 사자가 되며, 사자는 마침내 아이가 되는가를. (……) 사자가 왜 어린아이가 되어야만 하는가? 아이는 순진무구함이며 망각, 새 출발, 놀이, 스스로 도는 수레바퀴, 최초의 움직임이며 성스러운 긍정이다. 그렇다. 창조라는 유희를 위해서는 성스러운 긍정이 필요하다. 이제 정신은 자기 의지를 원하고 세계를 상실한 자는 자기 세계를 되찾는다.

- 『차라투스투라는 이렇게 말했다』 중에서

　니체에게는 인간의 변화를 일컫는 비유적 표현이 있다. 이른바 '정신의 세 단계 변화'인데, 가장 처음은 낙타다. 무거운 짐을 짊어지고 뜨거운 사막을 뚜벅뚜벅 걸어간다. 다음 단계는 사자다. 사자는 힘을 지니고 있으며 자유롭지만, 여전히 "무거운 짐을 견디는 짐승"에 불과하다. 이 단계를 지나서 마지막으로 도달하는 변화의 단계가 바로 아이다.

　낙타, 사자까지의 설명은 이해하기 쉽다. 그런데 마지막 단계가 왜 아이인지는 잘 이해가 안 된다. 대개 자유로운 정신인 사자야말로 가장 높은 단계가 아닐까 하는 생각이 들지만, 사실 아이가 전하는 메시지야말로 니체 철학의 가장 중요한 핵심이다.

　낙타는 무거운 짐을 지고 주인에게 복종한다. 사

자는 자유로운 정신과 용기를 가지고 주인인 '용'에게 맞선다. 용이 "너는 해야 한다!"라고 말할 때, 사자는 "나는 원한다!" 하고 맞선다. 사자의 단계에서는 자유와 창조를 갈망하지만, 여전히 그걸 자기 손에 쥐지는 못하는 것이다. 그런데 사자도 해내지 못하는 걸 아이가 어떻게 할 수 있단 말인가?

이 비유에서 '무거운 짐'은 사회가 강요하는 도덕이나 규칙을 생각하면 된다. 그걸 무조건 짊어지고 있는 상태가 낙타이고, 그걸 벗어던지려고 용기 있게 맞서는 상태가 사자다. 그러면 그런 사자보다도 더 높은 지위를 차지하고 있는 아이는? 아이의 행동은 사자와 어떤 점이 다른가?

왜 아이처럼 살아야 하는가

니체에게는 앞으로 새로운 시대가 온다는 감각이 있다. 바로 니힐리즘의 시대가 도래할 거라는 예감이다. 그에겐 니힐리즘의 시대가 허무로 가득한 세상이 아니라 가능성의 세상이다. 그래서 모두가 낙타의 단계에서 벗어나, 사자로, 그리고 그다음 단계로 나아갈 것을 꿈꿨다.

아이 하면 떠오르는 게 무엇인가? 바로 놀이다. 아이에게 세상은 놀이터이지, 반드시 물리쳐야 할 적과 다투는 싸움터가 아니다. 사자에게는 적이 있다. 그는 자신의 주인이었던 그 적을 쓰러뜨리기 위해 맹렬하게 맞선다. 하지만 아이에게는 적이 없다. 단지 눈앞에 있는 것을 가지고 논다. 만지고 입에 넣어도 보고 여러 방법으로 놀면서 즐거워한다. 이것이 바로 니체에게서 아이와 놀이가 최종 단계가 될 수 있었던 이유다.

그런데 최종 단계라고 하면 연결되는 개념이 있다. 바로 앞장에서 살펴본 초인의 단계다. 물론 아이가 곧 초인이라는 표현은 니체의 책 어디에도 없다. 하지만 사람이 추구해야 할 목표가 초인이며, 정신의 최종 단계가 아이라는 발상, 이 두 가지를 조합하면 자연스럽게 아이의 단계야말로 초인에 해당하는 것을 알 수 있다.

확실히 니체가 많은 영감을 받았던 고대 그리스의 신들을 비롯한 영웅들은 기본적으로 인생을 놀이하듯이 살아갔다. 앞에서 말했던 것처럼, 우리가 하는 많은 일이 무언가 다른 목적을 위한 행위(돈을 벌기 위해 직장에 다니는 것), 혹은 의무나 책임이 있는 행위(국가의 시민으로서, 가족 구성원으로서 의무를 다하는 것)를 일이라고 한다면, 놀이에는 그러한 목적이나 이유가 없다. 어디까지나 그 자체로 즐겁기에, 놀기 위해 노는 것뿐이다.

아이는 적과 맞서서 그를 쓰러뜨리려 하지도 않고 비판하지도 않는다. 오직 자신의 즐거움을 위해 자유롭게 논다. 이것이 정신의 최종 단계이며, 초인의 이상적인 모습이다.

그렇다면 그다음 단계는 없을까? 최종 단계는 아이로, 그다음은 없다. 아이가 어른으로 성장하는 일도 없다. 그 이유는 놀이의 특성을 생각해보면 된다.

아이들이 노는 모습을 가만히 살펴보면, 끊임없이 새로운 규칙을 만들어내는 걸 알 수 있다. 그러다 자신이 만든 규칙을 자유롭게 깨버리기도 한다. 그렇게 규칙을 만들고 지키고 깨는 모든 과정을 '놀이'로서 즐긴다.

이러한 특성을 알게 되면, 어린 아이를 오히려 인류의 마지막 단계, 초인과 같은 단계로 설정한 것이 이해가 된다. 아이가 놀이를 반복해서 즐기는 것처럼, 초인 역시 놀이를 즐기는 존재인 것이다. 과연 '전복의 철학자'다운 발상이다.

니체에게 패러디란 어떤 의미인가

그런데 문제가 하나 있다. 이미 다 큰 어른이 되어버린 우리는 어떻게 해야 한다는 말인가? 다시 놀이터에라도 달려가야 한단 말인가?

니체는 구체적인 방법을 남기진 않았지만, 약간

의 힌트를 남겼다. 바로 1장에서 다룬 바 있는 패러디 개념이 그것이다. 니체에게 패러디가 어떤 의미인지는『즐거운 학문』의 다음 문장을 먼저 읽어보자.

아, 그렇다고 부활한 자가 자신의 악의를 표출하지 않을 수 없는 상대가 단지 시인들과 그들의 아름다운 서정적 감정뿐인 것은 아니다. 그가 자신을 위해 어떤 제물을 원하는지, 패러디의 소재가 될 어떤 괴물이 당장 그의 호기심을 끌 것인지를 아는 자가 있을까? 쉽지 않은 것 같기도 하고 아무것도 아닌 것 같기도 한 이 책의 결말 부분에 '비극이 시작된다'라고 쓰여 있다. 독자들이여, 조심하라! 뭔가 터무니없이 사악하고 짓궂은 것이 거기에 나타나 있다. '패러디가 시작된다'. 의심할 여지도 없이….

- 『즐거운 학문』 중에서

니체는『차라투스트라는 이렇게 말했다』를 처음 집필할 때, 이 작품을 비극으로 구성할 생각이었다고 말했다. 훗날 『즐거운 학문』의 제2판을 쓸 때 덧붙여진 서문에서 그는 『차라투스트라는 이렇게 말했다』의 구상을 이야기하면서, 이를 "패러디가 시작된다"라는 표현을 써서 비틀었다고 고백한다.

『차라투스트라는 이렇게 말했다』는 일반적인 철학책과는 달리 소설처럼 스토리가 있다. 예언자 차라투스트라가 홀로 하산하는 장면에서 시작해서, 원래는 제자들에게 병간호를 받으면서 이탈리아 시칠리아섬에 있는 에트나 화산으로 뛰어든다는 비극적인 결말로 마무리 지을 예정이었다. 아마도 이러한 결말은 고대 그리스 철학자이자 실제로 에트나 화산에 뛰어들어 생을 마감한 엠페도클레스의 일화를 '패러디'한 것으로 보인다. 하지만 결국 실제 책의 결말은 매우 평범하고 딱히 감동을 불러일으키지 못하는 형태로 끝나고 만다.

결국 『차라투스트라는 이렇게 말했다』는 다른 철학책처럼 논리적 체계를 갖춘 것도 아니고, 문학책처럼 캐릭터가 잘 묘사돼 있거나 특출난 플롯이 있는 것도 아닌, 이딘가 어정쩡한 형태의 책이 되었다. 아마 니체의 호언장담과 달리 당대에 큰 반응을 얻지 못했던 이유도 같았을 것이다.

하지만 바로 이 점이 후대 사람들이 니체의 주저로 이 책을 꼽는 이유가 됐다. 여기서 니체는 여러 역사적 인물과 개념을 마음껏 패러디하면서 그야말로 자유자재로 가지고 논다. 패러디라는 것은 곧 원출처가 있다는 뜻이다. 독자는 이를 강하게 의식할 수밖에 없기에, 그런 선입견을 전복시키면 정색하면서 진지하게 비판하는 것보다 훨씬 강렬한 인상을 주게 되는 것이다. 그리고 무엇보다 패러디에는 힘이 있다. 바로 웃음이 담겨 있기 때문이다.

니체의 기본적인 철학 스타일은 이미 당대인들이 당연하게 인식하고 있는 것, 자신 외에 다른 누군가가 정리하고 이야기한 개념을 자유자재로 바꾸고 패러디하는 것이다. 이와 관련해 니체 철학의 주요 개념들을 다음과 같이 정리해볼 수 있다.

니체의 마지막 선물

니힐리즘	투르게네프, 러시아 정치사상
신의 죽음	카를 야코비, 헤겔
생의 의지	쇼펜하우어
관점주의	라이프니츠
르상티망	키르케고르
초인	괴테, 베토벤

왼쪽이 니체 철학의 주요 개념이고, 오른쪽이 그 개념의 '원작자'들이다. 이렇게 니체는 당대 사람들이 사용한 다양한 개념을 원래 의미에 얽매이지 않고 자유자재로 패러디해서 사용했다. 마치 아이가 재미있게 놀이를 하는 것처럼 말이다.

니체는 어떤 개념은 이러이러한 것이다, 하고 규정하지 않는다. 오히려 그런 규정을 깨는 것이 그의 철학이다. 어릴 적 친구들과 했던 놀이를 한번 떠올려보라. 똑같은 놀이라 하더라도 동네마다 규칙이 전부 다르다. 놀이에서 규칙은 매우 유동적이며, 어디까지나 '그 지체로 즐거워야 한다'라는 목적에 부합해야만 한다.

놀이는 어디까지나 그 행위 자체만으로 완결성을 갖추는 것이 핵심이다. 이런 맥락에서 니힐리즘과도 연결된다. 일상의 모든 것을 '신의 뜻'에 근거하여 목적과 가치를 설정했던 과거와 달리, 니힐리즘은 그런 목적이나 가치는 없다고 단언한다. 이 원칙에 따르면, 우리는 뭔가 거창한 목적을 찾아 방황할 필요가 없다. 우리 삶에 자유가 부여된 것이다. 즉, 니체는 우리에게 다른 목적을 좇느라 힘겹게 살지 말고, 그저 놀이할 때처럼 삶을 그 자체로 즐기며 살라고 말하는 것이다.

잘 사는 사람은 어떻게 잘 놀지 고민한다

재미있게 놀이를 즐기며 살라고 하면, "도박이라도 하라는 건가요?" 하고 묻는 사람도 있다. 당연히 그런 뜻은 아니다.

니체가 놀이에 대해 설정한 방향성은 아이를 우리가 발전해나가는 최종 단계로 생각했다는 것과 관계가 있다. 아이는 놀이를 할 때, 자신의 본래 모습을 고스란히 드러낸다. 어떤 것은 즐거우니까 하고, 어떤 것은 즐겁지 않으니까 하지 않다는 걸 스스로 깨닫고 결정한다. 즉, 자기 삶의 주도권을 스스로 쥐고 있는 것이다.

니체에게는 놀이가 패러디였다고 생각하면 그의 중요한 철학 개념이 모두 패러디로 이루어졌다는 사실이 새삼 흥미롭게 느껴진다. 니체의 철학이 다소 어렵고 복잡하게 느껴졌다면, 이 점을 염두에 두고 원출처까지 알아보자. 재미도 있고 개념도 좀 더 쉽게 이해될 것이다.

니체 철학에는 놀이 외에도 '웃음'과 '춤'이라는 키워드가 있다. 이들은 모두 영원회귀라는 굴레 속에서 우리가 유쾌하게 살아갈 수 있도록 도와주는 것들이다. 이미 눈치를 챘겠지만, 이들에도 모두 원출처가 있다.

웃음이라는 개념은 기원전 6세기 말의 고대 그리스 철학자 헤라클레이토스로부터 온 것이며, 춤이라는 개념은 앞서 초인 개념을 사용한 고대 로마의 풍자작가 루키아노스가 언급한 것이다.

또한 이것은 고대 철학의 전통과 중세 철학의 전통을 뒤집은 지점도 있다. 플라톤으로 대표되는 고대 철학의 전통에서 '몸'은 '정신'보다 열등한 것이었고, 중세 철학의 전통에서는 웃음과 춤을 엄격하게 금지하기도 했다.

'전복의 철학자' 니체로서는 이것들을 견딜 수 없었을 것이다. 그래서 웃음과 춤을 강조하면서, 『차라투스트라는 이렇게 말했다』에서는 이렇게까지 선언한다. "그대의 몸은 그대의 철학보다 더 많은 지혜를 품고 있다." 사족을 하나 덧붙이면, 현대무용의 창시자로 불리는 이사도라 덩컨 역시 니체를 '최초의 춤추는 철학자'라고 부르며 열렬하게 지지했다고 한다. 실제로도 니체 철학에서 영감을 받은 춤을 여럿 만들어냈다.

고전문헌학자였던 니체는 이러한 개념들을 모두 잘 알고 있었다. 자연스럽고 능숙하게, 그리고 즐겁게 패러디를 할 수 있었던 비결이다.

결국 사람들에게는 각자 저마다의 재미를 느끼는 놀이가 다르다. 니체가 이렇게 말했으니 나도 똑같이 하자는 식보다는, 저마다 자신에게 즐거운 놀이를 찾아 영원회귀를 살아가는 것이 지혜일 것이다.

거부할 수 없는 선물

니체가 떠올린 영원회귀 사상은 우리에게 무척 중요한 질문을 던진다. 같은 일을 계속 반복하는 건 너무 따분하다. 상상만 해도 그런 인생을 어떻게 견딜지 막막해진다.

문제는 영원회귀라는 발상 아래에서는 인생의 따분함을 잠시 극복할 방법을 아무리 고안해내도, 결국

나머지 따분한 시간이 계속해서 되돌아오는 걸 막을
순 없다는 것이다.

결국 그런 운명을 그 자체로 인정하고 긍정하는
것, 그리고 당장 내 앞에 펼쳐진 현실의 삶이 영원히
반복되어도 후회하지 않을 만큼 최선을 다해서 사는
것만이 유일한 답이다.

그런 의미에서 인생을 따분하게 느끼지 않는 사
람은 니체의 사상에 전혀 매력을 느끼지 못할 것이
다. 실제로 니체도 "나와 똑같은 생각을 했던 사람이
아니면 우선 이해하지 못할 것이다"라고 쓰고 있다.
반대로 인생에서 지루함과 고통을 느끼는 사람, 그래
서 이 책을 펼쳐 든 사람에게는 니체의 메시지가 크
게 와닿을 것이다.

니체는 당신이 겪고 있는 모든 문제를 단번에 해
결해줄 거란 식으로 말하지 않는다. 대신 우리에게
다가와, 슬쩍 말을 건다. 때로는 친절하게, 때로는 열
을 내면서, 우리 자신과 삶에 대해 돌아보게끔 격려
하는 것이다. 그의 말이 솔깃하게 느껴지는 사람이

나, 또는 그의 말에 반박하고 싶은 사람 모두에게, 그 시간은 꽤 즐거울 것이다.

그런 주장도 하나의 해석에 불과하다고 말하면, 그대들은 질시에 가득 차서 반박하고 싶지 않겠는가? 그렇다면 더욱 좋다!

- 『선악의 저편』 중에서

8장

그래서 니체를 만나면
무엇이 달라지는가?

내가 말하고자 하는 것은 다가오는 두 세기의 역사다. 나는 반드시 다가올 것, 결코 다른 방식으로는 다가올 수 없는 것, 즉 니힐리즘의 도래에 관해 쓸 것이다. 이 역사에 대해서는 지금도 논할 수 있다. 여기에 필연성이 작용하고 있기 때문이다. 이 미래는 이미 백 가지 징후로 나타나 있으며 이 운명은 곳곳에서 모습을 드러내고 있다. 이 미래의 음악을 듣기 위해 모든 귀가 이미 귀 기울이고 있다.

- 『힘에의 의지』 중에서

　니체를 알면 구체적으로 무엇이 달라질까? 제일
먼저 세상을 바라보는 관점, 즉 시대 인식이 달라진
다. 니체 철학의 가장 기본적인 출발점은 『힘에의 의
지』의 첫머리 문장에서도 엿볼 수 있다. 그는 다가올
두 세기가 니힐리즘의 시대가 될 거라고 단언한다.
니체는 19세기의 철학자로 1844년에 태어나 1900년
에 죽었다. 그런 그가 이런 예언을 남긴 근거는 무엇
일까?

　니힐리즘이 무엇인지는 지금까지 충분히 살펴봤
으니, 여기서는 그 본래 의미만 짚어보자. 니힐리즘
의 '니힐(nihil)'은 라틴어로 '아무것도 없다'라는 뜻이
다. 이와 관련해 니체는 가치라는 단어 앞에도 '엔트
(ent-)'라는 부정의 접두어를 붙여 '절대적 가치가 없

어진다'라는 말로 니힐리즘을 설명한다.

실제로 오늘날 우리는 '절대적 가치'나 '절대적 진리', '절대적 아름다움' 같이 누가 뭐라고 하든 무조건 옳은 기준이 있다고 생각하지 않는다. 정말 독실한 신앙을 가진 소수를 제외하면, 우리가 신이 정한 절대적 운명이나 진리, 가치만 좇아서 살아야 한다고 믿지 않는다. 이처럼 시간과 장소를 초월한 기준은 없고, 사람마다 다양한 기준만 존재한다고 믿는 관점이 바로 니힐리즘이다.

니힐리즘은 서양 철학의 전통에서는 플라톤주의를 정면으로 비판하며 등장했다. 모든 상황, 모든 사람에게 적용될 수 있는 완벽한 이데아는 존재하지 않는다는 사상이다.

니체는 이와 같이 니힐리즘을 정의함으로써 우리의 진리관과 인식관, 도덕관과 예술관에 대한 절대적 기준이 있다는 것을 부정했으며, 오늘날에는 그것이 일반적인 시대 인식으로 자리 잡았다.

인생에 대한 관점이 달라진다

✺

그렇다면 니힐리즘이라는 새로운 시대 인식은 개인의 삶에 어떤 영향을 줄까?

니체는 우리에게 '사고의 안경'을 제공한다. 그걸 사용하면 '삶을 어떻게 살아갈 것인가'라는 질문에 대한 기본적인 사고방식이 달라진다. 우리는 종종 '나는 왜, 무엇을 위해 살아가지?' 하는 고민을 하게 된다. 그리고 삶의 보람이라든가 의미를 찾으려 한다. 그런데 니힐리즘의 시대에서는 모든 사람에게 통용될 수 있는 '정답'은 없다. 삶의 목적이나 의미, 심지어 윤리나 도덕 같은 기준도 없다.

하지만 이런 식으로 세상의 모든 규칙과 도덕을 깨부수고 나면, 정작 무엇을 위해 살아가는지 그 목적과 목표가 없어진다.

'나는 무엇을 위해 살아가는가?' 하는 고민이 문득 떠오를 때, 삶의 보람이라든지 살아가는 의미 같은 게 아예 존재하지 않는다면 어떻겠는가? 이렇게 계속 허무함을 느끼며 살아야 하는지 절망감이 들 것이다. 괜히 니힐리즘에 '위험한 사상'이라는 별명이 붙은 게 아니다.

니힐리즘의 영향을 받은 사상 가운데 세상이나 인생을 괴롭고 추악한 것으로 여기는 사상도 생겨났다. 바로 염세주의다. 이는 3장에서 살펴본 것처럼, 니체는 첫 작품인『비극의 탄생』에서 등장한다. 반은 사람이고 반은 동물인 신에게 "인간에게 가장 좋은 일은 무엇인가?" 하고 물었을 때, 반인반수의 신은 대답을 듣지 않는 게 좋을 것이라는 전제를 깐 뒤에 이내 "태어나지 않는 것이다", 두 번째로 좋은 일은 "빨리 죽는 일이다"라고 대답한다. 이 이야기에 담긴 인간의 유한성, 삶의 고통과 허무에 관한 메시지는 그리스 시대 이래로 중요한 인생의 지혜로 전해져 내려왔다.

니체의『비극의 탄생』도 살아가는 일 자체가 고통스럽고 허무하다는 부정적인 발상에서 출발한다. 하지만 이내 그는 쇼펜하우어의 이러한 수동적 허무

니체의 마지막 선물

주의, 염세주의와는 다른 길을 걷는다.

니체는 『비극의 탄생』에서는 일단 쇼펜하우어의 도식을 사용한다. 살아가면서 마주하는 고통을 예술에 의해 일시적으로나마 망각한다는 해결책이다. 그러나 니체는 이 도식을 끝까지 고수하지 않았다. 심지어 동시기에 쓰인 메모에서도 이러한 페시미즘적 인식은 실천도 불가능하고, 일관되게 주장하는 것도 불가능하다고 의문을 제기한다.

세상의 기준을 부정한다고 해서, 우리에게 남은 것이 허무와 고통뿐인 것은 아니다. 그것은 오히려 진정한 자유나 독립의 기회를 제공한다.

우리는 어릴 적 부모로부터 돌봄을 받으며 모든 것을 배운다. 해야 할 것과 하지 말아야 할 것을 모두 부모나 어른이 정해준다. 하지만 언제까지나 그렇게 살 수는 없다. 결국 성인으로 독립을 하고, 자신만의 기준을 세우며 세상을 살아가야 한다. 만약 어른이 되어서도 그러지 못하고, 세상의 기준이나 부모의 간섭에 휘둘리게 되는 사람은 결코 행복한 삶을 살 수 없다.

거칠게 요약하면, 니체는 우리에게 이렇게 말하는 것이다. 그래, 세상이 너한테 뭘 요구하는지는 알겠어. 그런데 네 생각은 어때? 너는 세상의 기준을 따를 때 진정 행복하니, 아니면 너만의 기준을 찾고 싶니?

즉, 인생을 그냥 흘러가는 대로 살지 말고, 자신만의 관점을 지니고 있는지, 아니면 여전히 다른 사람의 관점을 따라 사는 건 아닌지 스스로 돌아보게끔 질문을 던지는 것이다.

나만의 기준을 세우게 된다

그렇다면 나만의 기준을 어떻게 세워야 하는가? 니체는 이러한 질문에 대답하기 위해 특이한 발상을 도입한다. 바로 앞에서 살펴본 영원회귀 사상이 그것이다.

영원회귀란 기본적으로 우리에게 일어난 모든 일이 똑같이 영원히 반복된다는 철학적 가정이다. 한 번의 선택이 계속해서 반복된다면? 잘못된 선택 역시 영원히 반복되면서 괴롭힐 것이다. 따라서 우리는 영원히 반복될 단 한 번의 선택을 굉장히 신중하게 할 수밖에 없다.

예컨대, 우리는 돈을 많이 벌기 위해 자신의 건강이나 가족을 돌보는 일을 잠시 뒤로 미루는 선택을 할 때가 있다. 사람들은 대개 그런 선택이 더 나은 미래를 위한 '일시적'인 희생일 거라고 생각하지만, 영원회귀 사상 아래에서는 그 선택이 '영구한' 선택이 된다.

이처럼 영원회귀 사상 아래에서는 모든 선택에 니체의 표현처럼 '최대의 중량'이 실리게 된다. 따라서 수단이 아닌, 목적에 부합하는 선택을 하게 된다. 이처럼 영원회귀를 의식하며 모든 결정의 기준을 하나씩 세워나간다면, 그 삶은 어떤 어려움이 있더라도 충분히 행복하지 않을까?

또한, 이러한 영원회귀를 살아가기 위해 니체가 내세운 모델이 있다. 바로 초인이다. 이 발상에는 '힘'이 매우 중요한 위치를 차지하고 있다. 즉, 모든 것은 힘의 관계 속에 있는 것이다. 힘이라고 해서 물리적인 힘만을 가리키는 것은 아니다. 우리가 지식을 습득하는 것도 자신의 힘을 증대시키기 위해서다. 이와 같은 힘의 증대는 즐거움과 재미로 이어진다. 누군가 자신의 힘을 발휘할 수 없다면 어떠한 상황도 즐길 수 없다.

이 '힘을 증대한다'라는 개념의 연장선에서, 니체는 삶의 모든 영역에서 자신의 힘을 키우는 것이 좋다고 말한다. 이렇게 모든 힘이 증대된 최고의 상태가 바로 초인이다.

물론 초인이 되라는 것이 무턱대고 힘을 사용하고 사람들을 제멋대로 휘두르라는 말은 아니다. 초인은 자신이 보유한 강력한 힘을 자기 의지대로 사용하는 사람이지, 그 힘에 휘둘리는 사람이 아니다.

친구들과 운동 시합을 한다고 한번 상상해보라.

니체의 마지막 선물

어떤 순간에 가장 즐겁겠는가? 혼자서만 제멋대로 군다고 재미가 있겠는가? 물론 자신이 최고의 활약을 할수록 즐거울 테지만, 또한 친구들과 함께 최고의 팀워크로 경기를 잘 풀어나갈 때, 그 시간이 재미있고 알차지 않겠는가?

우리가 세워야 할 인생의 기준 역시 이와 비슷하다. 인간은 모두 개별적인 존재이지만, 동시에 무수히 많은 타인과 함께 살아가야만 하는 사회적 존재다. 그 안에서 초인의 삶, 궁극적인 힘의 증대를 이루기 위해서 필요한 것은 먼저 나만의 단단한 중심과 기준을 세우는 것이다. 그 이후에 세상으로 나아가 타인과 함께 어울릴 수 있다면, 비로소 자기 힘을 최고로 발산할 수 있을 것이다.

자신에게 솔직해진다

그렇다면 어떻게 해야 나만의 단단한 기준을 세

울 수 있을까? 이를 위해서 니체는 자기 자신에게 솔직해지라고 말한다.

예컨대 "나는 돈이 싫어"라고 말하는 사람이 있다고 치자. 그런 생각의 뿌리에는 '돈이 많은 사람은 도덕적으로 문제가 있을 것이다', '돈이나 힘이 없는 자신들이야말로 올바른 인간이다'라는 도덕적인 사고가 깔려 있을 가능성이 크다. 니체에게 이런 사고는 그다지 솔직하거나 도덕적인 것이 아니다. 르상티망, 즉 질투로 가득차 있을 뿐이다.

니체가 도덕을 비판하는 이유는 그것이 이처럼 르상티망에 기반을 두고 있기 때문이다. 강자와 약자가 대립할 때 약자는 힘으로 맞서봐야 버틸 수 없다. 이 때문에 힘으로 대항하기를 체념하고 집단으로 뭉쳐 강자를 끌어내리려 한다. 이처럼 약자들이 모여든 대중의 모습을 니체는 '짐승의 무리(Herde)'라고까지 표현했다.

돈이나 힘이 없는 자신들이야말로 오히려 올바른 인간이다, 힘이 있다고 해서 그게 뭐 대수냐, 그런 르상티망을 갖기 시작해 힘이 있는 사람을 끌어내리고 평가절하해서 자신을 정당화하는 것이 도덕이라는 사고관이다. 니체는 심지어 도덕의 기본이라고도 할 수 있는 '이웃 사랑' 마저 비판했다.

이웃에 대한 사랑보다는 자기 자신에 대한 사랑, 나아가 멀리 있는 사람에 대한 사랑이 낫다는 것이다. 이러한 사랑은 "이웃을 네 몸과 같이 사랑하라"라는 가르침이나 "가까이 있는 사람을 기쁘게 하면, 멀리 있는 사람이 찾아온다"라는 가르침과는 완전히 반대다. 니체는 그러한 세상의 도덕을 무턱대고 따르느라 진정한 자신을 잃어버리느니, 차라리 초인이 되어서 멀리 있는 사람을 사랑하는 '초인애'를 지니라고 말한다.

니체는 스스로 강해질 생각을 하지 않고, 이처럼 도덕을 앞세우거나 집단의 힘을 빌려서 자신의 약함을 감추고 정당화하는 태도를 혐오했다. 인생은 어디까지나 자기 힘으로 승부를 겨뤄야 한다고 생각한 것이다.

도덕이나 집단의 힘으로 상대를 끌어내리는 이유는 자신들이 지배자 측에 서고 싶기 때문이다. 그러면서도 힘없는 자신들이 착한 사람이라고 강조하며 도덕심을 내세운다. 스스로 힘을 길러서 맞설 생각은 포기하고, 자신은 그럴 힘이 없는 약자라고 자조하면서 힘 있는 사람을 도덕적으로 비판한다. 그러면서 속으로는 지배자가 되려는 야망을 품고 있다. 이 얼마나 위선적인가! 자기 자신마저 속이려는 이러한 태도로는 결코 만족스러운 삶을 살 수 없다.

물론 어떤 사람은 이렇게 말할 수도 있다. '짐승의 무리'가 도덕을 앞세워 지배자가 되려는 것도 또 다른 힘에 대한 의지가 아닌가? 니체로서는 같은 '힘의 증대'라도 허용될 수 없는 것이 있다. 그 기준은 위장하고 있느냐 아니냐다. 니체는 힘은 어디까지나 자기 스스로, 성실하게 증대시켜야 한다고 믿었다. 결국 우리는 모두 각자 힘에의 의지를 추구하므로, 스스로 힘을 기르지 못하면 언제든 타인에 의해 노예의 상태로 전락하고 말 것이기 때문이다.

니체의 마지막 선물

다른 것에 의지하지 말고, 오직 너 스스로 자기 삶의 주인이 되어라. 그래야 언제든지 나답게 자유롭게 행복하게 살 수 있다. 바로 이것이 니체가 우리에게 초인이 되라고 말하는 이유다.

이러한 니체의 인식은 집단주의에 대한 비판으로 이어진다. 그는 집단으로 유대인을 차별하는 행위(나치즘)도 싫어하지만, 다수에 의한 정치 지배(대중 민주주의)도 반대한다.

민주주의도 전체주의도 반대하면서 개인의 강함만을 추구하려는 니체의 입장에 완벽하게 동의할 수 없더라도, 강한 힘을 갖고 싶어 하는 의지는 누구에게나 있다는 데에는 고개를 끄덕일 것이다.

인간이라면 누구나 자유롭게 자기 자신의 기준대로 살면서, 타인과 세상의 인정을 받고 싶어 한다. 스스로 힘도 갖추지 못한 채, 타인에게 의존하는 노예 상태로 살면서 제대로 된 행복감을 느끼는 사람은 없다. 약육강식의 세계가 펼쳐지는 동물의 세계도 마찬가지다. 심지어 나무도 다른 나무들과 싸우며 뿌리를 뻗고 더욱 높이 자라려 애쓴다. 결코 인간뿐만이 아니라 생물계 모두가 힘의 증대를 도모한다는 것이 니체의 생명관이다.

강해지고 건강해진다

자신의 욕망을 자기 힘으로 증대시키는 태도, 욕망이 있다면 타인을 시기하거나 편법을 쓰지 않고 그 욕망을 솔직하게 드러내는 것, 당장 힘으로 경쟁할 수 없다면 이길 만한 힘을 기르자는 것이 니체가 생각하는 건강한 사람의 태도다.

욕망이 있는가? 좇고자 하는 꿈이나 가치가 있는가? 그렇다면 그것을 펼쳐 보여라. 세상 그 무엇과 당당히 맞설 만큼 힘을 키워라. 스스로 강해져라. 다시 말해, 초인이 되어라! 니체는 우리에게 이렇게 말하고 있는 것이다.

물론 이 세상에 완벽한 사람은 없다. 니체 역시

누군가 완벽한 사람의 모델이 이 세상에 존재한다고 생각하지 않았다. 니체가 말하는 완벽한 강자, 즉 초인은 그리스 영웅시대의 세계에만 존재한다. 현재는 니체의 기준에서 대부분이 약자인 세상이 되었다. 그렇기에 더더욱 니체는 강자를 '금발의 야수'라고 부르고 강조한 것이다.

니체를 비판한 사람들은 현실 가능성이 없는 애기를 한다고 몰아세웠다. '강자가 돼라!' 하고 말하지만, 정작 자신도 이르지 못한 경지가 아닌가. 인생의 고통에서 벗어나려고 예술을 선택하는 것을 낭만주의라고 비판하면서도, 정작 자신도 또 다른 낭만주의를 추구한 것이 아닌가. 과연 누가 그렇게 할 수 있겠는가?

하지만 이는 잘못된 비판이다. 앞에서 니체는 우리가 처한 상황을 "짐승과 초인 사이에 매인 밧줄, 심연 위에 매인 밧줄"이라는 비유를 써서 표현했다. "저편으로 건너가는 것도 위험하고, 건너가는 도중도 위험하고, 뒤돌아보는 것도 위험하고, 덜덜 떨며 멈춰

서는 것도 위험"히지만, 그러면서도 "인간의 위대한 점은, 인간이 다리이지 목적이 아니라는 데 있다"라고 말한다.

이 말을 풀어서 설명해보자. 용기 있게 살고, 꿈을 향해 나아가는 것이 좋다는 걸 누구나 안다. 하지만 그걸 실천하기 어려운 이유는 그에 따른 결과가 두렵기 때문이다. 결과는 누구도 알 수 없다. 실력도 있고 최선을 다했는데도 운이 따르지 않아 나쁜 결과를 얻을 수도 있는 게 인생이다.

이때 중요한 것은 무엇인가? 니체식으로 말하면 종종 두려워서 멈춰 서면서도, 조금씩 건너편으로 넘어가는 것이다. 우리는 확정된 좋은 결과를 향해 나아가는 것을 용기라고 부르지 않는다. 오히려 불투명한 미래, 위험을 무릅쓰고도 꿈과 신념을 향해 나아가는 것을 용기라고 부른다. 그런 용기를 갖춘 사람이 바로 강자이자 건강한 태도를 지닌 사람이다.

니체의 마지막 선물

자유로워진다

✸

　니체를 만난 사람은 자유로워진다. 진리나 정의, 도덕, 모든 가치를 바라보는 시각이 달라진다. 무엇이 올바른 일인지 인식하고 어떻게 행동해야 하는가 하는 도덕 문제를 스스로 결정하고 책임을 다한다. 세상이나 타인의 관점에 의해 만들어진, 지금까지 우리가 옳다고 믿고 있던 진리를 반전시켜 모두 부숴버리고, 새롭게 재구성하자는 것이 바로 '전복의 철학자', '망치를 든 철학자' 니체의 생각이었다.

　니체는 말한다. 진리는 없고, 모든 것은 해석하기 나름이라고. 도덕, 심지어 학문적인 진리에 관해서도 비슷한 표현을 했다. 그는 단호하게 이 세상에 완벽한 사실 따위는 없고, 다만 해석이 있을 뿐이라고 말한다.

　사람들은 각자 자신의 입장에서 제각각 세상을 이해할 뿐이며 모든 사람에게 공통적이고 천편일률적으로 적용되는 올바른 관점이나 도덕은 존재하지 않는다는 입장이나.

의외로 현대인들이 쉽게 이해할 수 있는 사고방식이다. 요즘 사람들에게 '남자는 이래야 해', '여자는 이래야 해', '나 때는 말이야'라는 식으로 자신의 관점을 강요하면, 받아들여지기는커녕 '꼰대' 취급을 받기 쉽다. 좋은 대학, 대기업 취직, 결혼, 출산과 육아 등 과거 '좋은 삶'이라고 불리던 것들에 대한 인식도 많이 달라졌다. 그런 것들을 통해 얻을 수 있다고 믿었던 삶의 보람도 사람마다 제각각 다르고 상황에 따라서도 달라진다.

사람들 사이에 당연한 것으로 인식되는 문화상대주의나 취향 존중 문화, 나아가 사람마다 사고방식과 가치관이 다르다는 의미로 요즘 청년들이 자주 사용하는 '개인적으로는 ○○라고 생각해요'라는 식의 말투도 그 가운데 하나다. 여기에는 모든 사람에게 공통적으로 적용할 수 있는 기준이 없고, 각자 자기 생각을 표현할 뿐이라는 인식이 깔려 있다. 니체가 말하는 니힐리즘과 맞물리는 발상이다.

니체의 마지막 선물

이를 설명하는 데 '관점주의'라는 개념이 사용된다. '관점'이란 르네상스 시대의 회화 기법으로 원근법을 의미한다. 어느 위치에서 바라보는지에 따라 원근감과 풍경이 완전히 달라지는 것처럼, 각자가 처한 환경이나 입장에 따라 세상과 사물을 바라보는 관점도 달라진다는 것이다. 심지어 객관적인 것으로 여겨지는 도덕적 판단까지도.

모든 사람이 각자 주관적인 관점에서 세상을 바라본다는 현실을 인지하게 되면, 나와 다른 타인의 관점도 존중할 수 있게 된다. 이 세상에 절대적으로 옳은 관점은 없기 때문이다. 따라서 모든 것이 상대적이고 자유로워지는 니힐리즘 시대가 왔다고 해서, 도덕과 진리라는 기준이 사라졌다고 해서, 타인의 자유까지 무분별하게 해치는 일까지 정당화되지는 않는다.

우리는 종종 삶을 통일성 있고 단일한 기준으로만 바라보고 평가하려는 경향이 있다. 니체는 그것이 잘못된 인식이라고 말한다. 애초에 그런 것은 존재하지 않으며, 삶의 보람이나 목표 같은 것은 사람마다 상황에 따라 달라지기 때문이다.

그러니 자유롭게 살아라. 세상과 타인에게 휘둘리지 말고 나만의 기준을 가지고 살아라. 영원히 반복될, 그렇기에 단 한 번뿐인 이 순간의 삶을 사랑하라. 이것이 바로 니체의 지혜이자, 그가 우리에게 주는 마지막 선물이다.

■ 카스파르 다비트 프리드리히, 〈안개 바다 위의 방랑자〉, 1818.

✕

오직 나만이
내가 원하는 삶을 만들 수 있다

지금까지 니체 철학의 핵심 개념을 통해 우리 삶에 적용할 수 있는 일곱 가지 지혜를 살펴봤다. 니체의 저서는 워낙 방대한데다, 특유의 스타일 때문에 해석도 무척 다양하다. 당연히 이 짧은 책에서 그 모든 내용을 전하는 건 불가능하겠지만, 그래도 가장 근본적이고 핵심적이면서 깨달음을 줄 수 있는 메시지를 정리해봤다.

이 책에서 가장 신경 쓴 것은 니체의 글을 그대

로 인용해서 전달하는 것이 아니다. 구체적으로 어떤 의미가 담겨 있는지 최대한 쉽게 풀어서 설명하려 했다. 그래서 니체가 낯선 이들도 그의 사상을 편하게, 그러면서도 어느 정도 깊이 있게 살펴볼 수 있게끔 했다. 그러기 위해서 다소 복잡한 개념을 단순화하기도 했다.

연구 논문이라면 니체가 말하지 않은 것을 설명하거나, 논쟁이 있는 개념을 풀어내는 데에도 상당히 조심해야 한다. 하지만 그렇게 신중하게 접근할 경우, 연구자가 아닌 일반 독자가 니체의 철학에 다가기가 어렵다.

그렇기에 나는 니체 철학을 '사실'로서 전달하는 데에서 한 걸음 나아가, 과감히 '해석'하기로 한 것이다. 좀 더 쉽고 정확한 방식이 어딘가 있을지 모르지만, 그 어떤 경우에도 오해의 여지가 전혀 없이 그의 철학을 이해할 방법은 없을 것이다. 그리고 내 방법은 니체의 가르침에도 매우 충실한 것이라 생각한다. 니체는 자신에 대한 자유로운 이해와 논쟁, 반박을 얼마든지 환영할 사람이니까.

　이 책은 니체 철학으로의 입문을 1차 목표로 삼
는다. 즉, 어디까지나 니체에게 다가서는 첫걸음을
제공하는 것뿐이다. 이 책을 읽은 후에 니체의 철학
을 좀 더 깊이 있게 살펴보고 싶은 마음이 들었다면,
꼭 여러 철학서나 니체의 원서를 음미해보길 바란다.
뒤에 니체의 주요 저서에 관해 간단히 해설한 부록을
실어 두었으니, 궁금한 저서부터 살펴보길 바란다.
직접 니체의 글을 읽으면 또 다른 새로운 모습의 니
체를 발견할지도 모른다.

　니체는 객관적으로 성공한 삶을 살지는 못했다.
젊었을 때 대학 교수의 자리까지 올라갔지만, 결국
사직하고 재야의 철학자로서 일생을 마쳤다. 많은 사
람이 갈망하는 평탄한 길을 버리고 자신이 걷고 싶은
길을 걸은 것이다.

　하지만 그래서 그의 글들은 엄격한 연구자의 모
습보다는, 인간적인 모습을 솔직하게 드러낸다. 니체

는 철학이 이론에 그치지 않고 우리의 실제 삶에 기여해야 한다고 생각했다. 모든 인간이 살아가는 한 계속해서 고민하게 되는 '어떻게, 무엇을 위해 살아갈 것인가?' 하는 물음이 그의 생애 전체에 일관되게 흐르고 있다.

우리가 살아가는 이 시대는 인류 역사상 그 어떤 시대보다 풍요롭다. 전 세계의 모든 사람과 정보도 인터넷을 통해 24시간 내내 연결되어 있다. 하지만 오히려 그렇기에 더더욱 개인은 열등감에 시달리거나 우울감과 허무함에 시달리기 쉽다. 나는 니체의 철학이 그에 대한 훌륭한 처방전이 될 수 있다고 생각한다.

물론 그가 제안하는 지혜가 누구에게나 완벽한 정답이 될 수는 없을 것이다. 하지만 각자 자신만의 길을 찾아가는 데 작은 실마리는 제공할 수 있다고 생각한다. 부디 독자들이 이 책을 통해 니체의 매력을 느꼈기를 바란다.

오롯이 행복하게만 살아가기가 힘든 것이 오늘날 우리의 인생이다. 그럼에도 모두 용기와 희망을 간직하며 살아가면 좋겠다. 당신의 씩씩한 삶에 니체가, 그리고 이 책이 조금이나마 도움이 되기를 바라며.

1844년(0세)	10월 15일, 루터교 목사 집안의 장남으로 태어나다. 그의 이름은 프러시아의 왕 프리드리히 빌헬름 4세에게서 따왔다.
1846년(2세)	여동생 엘리자베스가 태어나다. 철학자 키르케고르(1813년~1855년)가 『현대의 비판』을 출간하다.
1848년(4세)	남동생 요제프가 태어나다. 마르크스와 엥겔스가 『공산당선언』을 출간하다.
1849년(5세)	아버지가 뇌 질환으로 세상을 떠나다. 몇 달 뒤에는 어린 남동생도 사망하다. 어린 나이에 겪은 가족의 연이은 죽음은 니체에게 큰 충격을 줬다.
1860년(16세)	니체의 사상적 스승이었던 쇼펜하우어

(1788~1860)가 사망하다.

1864년(20세)	독일 본대학교 입학. 신학과 고전문헌학을 전공했으나, 이내 신앙을 잃고 학업도 중단하다.
1865년(21세)	쇼펜하우어의 『의지와 표상으로서의 세계』를 자신이 살던 건물 1층에 있는 헌책방에서 찾아서 읽고 감격하다.
1867년(23세)	프로이센 군인으로 소집되어 야전포병대 기마부대에 복무하다. 이듬해 큰 사고를 당해 장기간 병가를 받다.
1868년(24세)	리츨 교수를 따라 라이프치히 대학교에서 공부하다. 그는 스승의 극찬을 받는 애제자였다. 이때 바그너(1813~1883)의 음악에 심취해 교류하다.
1869년(25세)	리츨 교수의 도움으로 스위스 바젤대학교 원외교수(고전문헌학)로 취임하다. 학교 측에서는 니체가 다시 군대에 가기를 원치 않아서, 프로이센이 아닌 스위스 국적을 가질 것을 제안하다. 하지만 니체는 이후 스위스 시민권을 취득하는 데 실패해 평생

무국적자로 살게 되다.

1872년(28세) 데뷔작 『비극의 탄생』 출간. 바그너와 일부
사람들은 극찬했지만, 스승인 리츨은 고전
문헌학자로서 이 책을 받아들일 수 없었
다. 결국 니체는 스승과도, 고전문헌학과
도 결별을 선택한다.

1876년(32세) 바이로이트 축제에서 바그너의 오페라
〈니벨룽의 반지〉에 크게 실망하다.

1878년(34세) 『인간적인, 너무나 인간적인』 출간. 이제
쇼펜하우어의 철학, 바그너의 음악과 거의
결별하다.

1879년(35세) 바젤대학교 교수직에서 퇴직하다. 약간의
연금에 의지해 유럽 각지를 다니며 독립
철학자로 생활을 시작하다.

1881년(37세) 스위스 실바플라나 호숫가에서 '영원회귀'
사상을 떠올리다.

1882년(38세) 『즐거운 학문』 완성. 바그너의 유작 〈파르
지팔〉의 초연을 보고 맹렬히 비판하다.

1883년(39세) 『차라투스트라는 이렇게 말했다』 집필을
시작. 1부 원고를 완성했을 무렵, 바그너

의 사망 소식을 전해 듣다.

1884년(40세)	『차라투스트라는 이렇게 말했다』(1~3부) 출간. 스스로 '다섯 번째 복음서'라고 부를 정도의 역작이었지만, 책은 거의 판매되지 않다.
1885년(41세)	『차라투스트라는 이렇게 말했다』 4부를 자비로 출간하다.
1886년(42세)	『차라투스트라는 이렇게 말했다』의 패러디를 사람들이 이해하지 못했다고 판단, 핵심 사상을 좀 더 쉽게 풀어쓴 『선악의 저편』을 자비 출간하다. 이 해 『비극의 탄생』 제2판도 출간하고, 자신의 초기 사상을 비판하고 보완한 개정판 서문인 「자기비판의 시도」도 추가하다.
1887년(43세)	『즐거운 학문』 제2판, 『도덕의 계보학』 자비 출판. 여러 비평가로부터 극찬을 받다. 인류가 숭배한 모든 가치의 전도를 위한 도서로 『힘에의 의지』 집필을 계획하다.
1888년(44세)	『우상의 황혼』, 『안티크리스트』 집필. 『이 사람을 보라』의 원고도 완성했으나 출간은

1908년에 이뤄지다. 뇌질환으로 인해 점차 정신이 붕괴되어 갔고, 지인들에게 보낸 크리스마스 안부 편지에 이상한 내용을 적다.

1889년(45세) 이탈리아 토리노 카를로 알베르토 광장에서 정신을 잃다. 예나에 있는 정신병원에 입원하다.

1890년(46세) 판단력과 언어 능력을 거의 상실, 어머니에게 이끌려 고향으로 돌아가다.

1892년(48세) 어머니 등이 전집 발행을 기획하다.

1893년(49세) 기존 예술에 대해 반기를 든 아방가르드 유행이 유럽을 휩쓸자, 그 여파로 철학자 니체의 사상이 큰 주목을 받기 시작하다. 〈절규〉로 유명한 뭉크 등 여러 예술가에게 영향을 줬고, 1896년 리하르트 슈트라우스는 교향시 〈차라투스트라는 이렇게 말했다〉를 만들다. 여동생 엘리자베스는 이런 오빠의 명성을 이용한다. 니체의 유고를 제멋대로 편집해서 『힘에의 의지』를 출간하고, 반유대주의자로서 히틀러와 나치에 영합하다.

1894년(50세)	여동생 주도로 두 번째 전집 기획.
1899년(55세)	여동생 주도로 세 번째 전집 기획.
1900년(55세)	생일을 두 달 앞둔 8월 25일, 바이마르에
	서 폐렴으로 사망하다. 장례는 가족의 뜻
	대로 기독교식으로 치러지다. 현재 니체의
	무덤은 라이프치히에서 남서쪽으로 21킬
	로미터 떨어진 작은 마을인 뢰켄에 있다.

여기서는 니체가 쓴 책들을 간략히 소개하겠다. 그가 남긴 아포리즘 형식의 글들은 굳이 철학을 깊이 공부하지 않은 사람들에게도 많은 영감을 준다. 하지만 거기서 한 걸음 나아가, 그의 철학을 좀 더 깊이 이해하고 싶은 사람이라면 해설서를 먼저 읽은 뒤 원서를 읽기를 바란다.

니체의 대표작으로는 『차라투스트라는 이렇게 말했다』가 가장 잘 알려졌지만, 패러디와 비유가 많아서 입문자가 읽기에는 너무 난해하다. 본인 역시 이런 평가를 받아들여 일종의 해설서인 『선악의 저편』과 『도덕의 계보』를 남겼으니, 『차라투스트라는 이렇게 말했다』에 앞서 이를 먼저 읽는 편이 좋다. 또한 어기 소개되지 않은 『유고』도 모두 출간되어 있으니 참고가 될 것이다.

『비극의 탄생』(1872년)

니체가 스물여덟이라는 젊은 나이에 출간한 데뷔작. 좋든 나쁘든 일생의 방향을 결정한 운명적인 책이다. 초판 때는 '음악 정신으로부터의'라는 부제가 붙어 있었으나, 1886년 제2판을 출간할 때는 '그리스 정신과 페시미즘'으로 바뀌었고, 「자기비판의 시도」라는 서문도 새로 추가되었다.

니체는 고전문헌학 교수였기에, 당연히 자신의 첫 책을 저명한 고전문헌학자이자 은사인 리츨 교수에게 건넸다. 하지만 기대와 달리 전혀 좋은 평가를 받지 못했다. 오히려 리츨은 애제자의 첫 책을 강하게 비판했다. 이 책은 고전문헌학적 방법론과는 큰 차이가 있었기에, 니체는 학계에서 추방이나 다름없는 상태로 내몰린다. 그런 의미에서 니체 자신의 '비극의 탄생'이라고도 할 수 있는 책이지만, 역설적으로

이 사건 덕분에 철학자로서의 니체가 탄생했다고도 할 수 있다.

『비극의 탄생』을 읽을 때는 초판의 「리하르트 바그너에게 바치는 서문」부터 읽어라. 그 뒤에 본론을 읽고 마지막으로 제2판의 서문 「자기비판의 시도」를 읽으라고 권하고 싶다. 특히 『비극의 탄생』에 대한 '자기비판'에 주목하기를 바란다. 니체는 이 글에서 자신만의 독자적 입장을 세우는데, 그 후 예전의 문제 설정을 비판하고 새로운 입장으로 돌아선 것이다. 니체 사상을 몇 단계로 나눌 수 있을 것인가에 대해서는 여러 입장이 있지만, 일단 초기와 후기로 나눌 수 있는 것은 확실하다.

우선 『비극의 탄생』의 내용을 살펴보면, 매우 단순한 3단계로 구성되어 있다. 전체를 아우르는 주제는 '그리스 비극'이지만, 이 주제가 다음과 같이 연대순으로 재구성된다. 1단계는 '그리스 비극의 탄생과 그 절정기'이며, 그 후 2단계로서 '그리스 비극의 몰락과 죽음'이 거론되고, 마지막 3단계로 '그리스 비극의 새생'이 제시된다. 이 마지막 단계는 니체가 살았던 시기, 즉 쇼펜하우어와 바그너, 그리고 니체의 시기까지 이어진다.

이 책에서 니체가 근본적으로 추구한 질문은 '인간과 세상을 어떻게 이해할 것인가' 하는 것이다. 이를 위해 니체는 그리스의 신 디오니소스와 아폴론을 인용한다. 이들은 델포이 신전을 공유하는 사이이지만, 여러 면에서 성격이 정반대인 신이다. '태양의 신'인 아폴론이 이성과 합리, 질서, 형식을 대표한다면, '술의 신' 디오니소스는 비합리, 무질서, 무형식을 대표한다.

이러한 이원적 대비는 예술을 이해하는 관점에도 차이를 만든다. 예컨대 디오니소스적인 예술인 음악과 아폴론적인 예술인 조각과 건축의 대비를 들 수 있다. 니체는 그리스 비극이 디오니소스적인 음악 정신에서 탄생했지만, 그 후 아폴론적으로 낙천적인 소크라테스에 의해 살해되었다고 말한다. 이렇게 사라졌던 그리스 비극을 현대에서 부활시킨 인물이 쇼펜하우어와 바그너였다. 초기의 니체는 이를 높이 평가하면서, 자신도 그 운동에 참가하려는 의욕을 갖고 있었다.

하지만 니체는 제2판 서문 「자기비판의 시도」에서 낭만주의라고 비판하며 거부한다. 즉, 삶을 고통으로 인식하고 이를 음악과 예술을 통해 망각하고 위로받는다는 도식이었다. 이 도식은 쇼펜하우어로부터 유래하고 니체가 일정 부분 받아들인 것이었지만, 나중에는 강하게 비판한다. 예술은 삶을 망각시키는 마취제가 아니라, 삶의 자극제가 되어야 한다는 것이다. 이제 디오니소스적인 것은 힘에의 의지로 계승되는데, 이처럼 「자기비판의 시도」에는 후기의 니체 사상이 간략하게 잘 녹아 있다.

『차라투스트라는 이렇게 말했다』(1883~1885년)

오늘날 가장 잘 알려진 니체의 대표작이다. 그의 책을 한 권만 읽는다면 역시 이 책을 제외할 수 없지만, 일반 독자가 읽고 그 의미를 이해하는 건 꽤 어렵다. 형식부터 일반적인 철학서와 다르다. 실존 인물이자 조로아스터교의 창시자 차라투스트라의 활동을 다룬 책으로 언뜻 보면 소설이나 각본 같은 인상도 받는다.

뱀이나 독수리 같은 동물이 등장하고 태양이 말을 거는 등 많은 비유가 사용되는 데다가 각각의 형상이 무엇을 의미하는지도 명확하지 않다. 마치 시를 읽듯이 수수께끼를 풀어 나가야 한다. 그래서 『차라투스트라는 이렇게 말했다』는 문학작품으로도 많이 읽혀왔다.

물론 철학과 문학의 차이가 무엇인지 간단히 대답할 수는 없다. 하지만 니체는 그런 분야 구분은 전혀 개의치 않고 오히려 새로운 철학 스타일로서, 말하자면 실험적으로 『차라투스트라는 이렇게 말했다』를 썼다. 그러므로 이 책을 읽을 때는 고정관념을 걷어내고 이해할 필요가 있다.

현재 우리가 읽고 있는 『차라투스트라는 이렇게 말했다』는 4부로 구성되어 있다. 그런데 니체가 생전에 출간한 책은 3부까지의 구성으로 되어 있다. 4부는 추후에 소규모로 자비 출간을 했기 때문이다. 이 부분은 나중에 쓰인데다가 형식도 1~3부와는 달라서 이 부분을 어떻게 이해할 것인가에 관해선 연구자들의 의견이 나뉜다. 어쩌면 이 책은 3부에서 피날레를 맞이할지도 모른다.

이 책의 핵심 주제이자 근간에 깔려 있는 사상은 『이 사람을 보라』에서도 밝히고 있듯이 영원회귀다. 니체는 이것을 '인간이 도달할 수 있는 최고 긍정의 방식'이라고 부른다. 운명애나 초인, 힘에의 의지 등 후기 니체 철학의 주요한 개념들을 이해하기 위해서도, 영원회귀 개념이 무엇인지 이해하는 일은 매우 중요하다.

하지만 이 개념에 대해서도 니체는 역시 자세하게 설명을 하지 않았다. 이러한 지점에서도 『차라투스트라는 이렇게 말했다』는 수수께끼로 가득 찬 책이라 할 수 있다.

이렇게 의문점이 많은 책이기에 누구나 읽고 바

로 이해할 수는 없겠지만, 이해하기 어려운 부분을 만나도 그다지 신경 쓰지 말고 계속 읽기를 추천한다. 그렇게 읽다가 영혼을 울리는, 깜짝 놀랄만한 문장을 만나면 좌우명으로 삼아보는 것도 좋다. 덧붙이자면, 내 좌우명은 1부 「베푸는 덕에 대하여」에 나오는 다음 구절이다.

언제까지나 그저 제자로 머물러 있는 것은 스승의 은혜를 갚는 제대로 된 방법이 아니다. 왜 너희는 내 화관을 빼앗으려 하지 않는가!

『차라투스트라는 이렇게 말했다』를 읽을 때 유념할 점이 있다. 바로 이 책이 처음에는 '비극'으로 구상되었다는 사실이다. 니체는 실제로 책의 결말도 몹시 비극적인 스토리로 구상했던 모양이지만, 나중에 '패러디'로 방향을 틀었다. 이런 전환이 무슨 의미인지는 본문에서도 설명했지만, 직접 『차라투스트라는 이렇게 말했다』를 읽을 때 자신의 눈으로 확인해보기를 바란다.

『즐거운 학문』(1882년, 제2판 1887년)

니체의 대표작『차라투스트라는 이렇게 말했다』
에는 시적인 표현이 많이 쓰여서, 그의 사상을 명
확하게 이해하기가 어렵다. 그럴 때 필요한 책이
바로『즐거운 학문』이다. 책의 제목은 원제인 'Die
fröhliche Wissenschaft'가 다양하게 번역되어『즐거
운 학문』이나『유쾌한 지혜』로 불리기도 한다. 영어
제목은 'The Gay Science'라고 하는데, 여기서 '게이
(Gay)'는 '밝은, 쾌활한'이라는 의미다. 이 책의 제목
에도 실은 원 출처가 있는데, 고대 이탈리아어 '기쁜
앎(la gaya scienza)'으로, 니체는 여기서도 패러디를
사용했다는 걸 알 수 있다.

우선 형식적인 이야기를 하면, 책이 처음 출간된
것은 1882년이고, 총 4부 구성이다. 그 후 1887년에
제2판을 출간했는데, 이때 '머리말'과 '5부' 그리고 '부
록'을 덧붙였다. 현재 우리가 읽고 있는 책이 바로 제

2판이어서 초판과는 구성이 다르다.

또한 이 책은『차라투스트라는 이렇게 말했다』와
도 관련 있다.『즐거운 학문』의 초판과 제2판 사이에
『차라투스트라는 이렇게 말했다』가 쓰였다.

또한,『선악의 저편』의 출간도 이 사이에 이루어
졌다. 따라서 이들 세 작품 사이에서『즐거운 학문』
의 위치를 파악할 필요가 있다. 도서 항목별로 정리
하면 다음과 같다.

·『즐거운 학문』초판 출간 (1882년)

·『차라투스트라는 이렇게 말했다』1부 집필(1883년)

·『차라투스트라는 이렇게 말했다』2부 집필(1883년)

·『차라투스트라는 이렇게 말했다』3부 집필(1884년)

·『차라투스트라는 이렇게 말했다』4부 집필(1885년)

·『선악의 저편』출간 (1886년)

·『즐거운 학문』제2판 출간 (1887년)

그럼, 내용적인 면에서『차라투스트라는 이렇게

말했다』와의 관련성을 살펴보자. 이를 위해서는 먼저 세 가지 사항을 짚고 넘어갈 필요가 있다.

첫째는 『차라투스트라는 이렇게 말했다』의 근본 사상인 '영원회귀'와의 연관성이다. 이 사상이 처음으로 나타난 것은 『즐거운 학문』341절 '최대의 무게' 아포리즘에서다. 우리는 앞서 3장에서 이를 살펴봤다. 어느 날 갑자기 악마가 찾아와서 속삭인다는 설정인데, "너는 이 삶을 다시 한 번, 그리고 무수히 반복해서 살기를 원하는가?" 하고 묻는 질문이 바로 그것이다.

여기서 영원회귀설을 처음 표명한 후, 니체는 다음인 342절에서 『차라투스트라는 이렇게 말했다』첫 부분에 나오는 문장을 그대로 실었다.

둘째는 바로 이 342절 '비극이 시작된다' 부분이다. 이 문장을 보기만 해도 『차라투스트라는 이렇게 말했다』가 처음에는 비극으로 구성되어 있었다는 것을 알 수 있다. 그런데 2판 서문에는 '비극이 시작된다'라고 쓴 후에, 다시 '패러디가 시작된다'라고 고쳐 말한다. 즉, 앞서 우리가 이야기한 것처럼 니체가 『차라투스트라는 이렇게 말했다』를 패러디로 바꿔서 쓰기로 한 것이다.

셋째는 신의 죽음에 관해 처음 언급한 것이 125절 아포리즘이라는 사실이다. 이 글에서 흥미로운 점은 단순히 '신은 죽었다'라는 선언이 아니다. 그 다음인 '인간이 신을 살해했다'고 기술한 부분이다. 니체는 밝은 아침에 등불을 켜고 신을 찾아다니는 광인을 묘사한다.

그대들은 밝은 아침에 등불을 켜고 시장으로 달려가 쉴 새 없이 이렇게 외치는 미치광이에 대해 들어본 적이 있는가 (……) 신은 죽었다. 신은 죽어 있다. 그리고 우리가 그를 죽여버렸다! 살인자 중의 살인자인 우리는 어떻게 스스로를 위로할 것인가?"

우리는 여기서 신의 살해라는 사건이 인간에 의해 일어났다는 점에 주목해야 한다. 즉, 니힐리즘의 세상을 만든 것이 바로 인간이라는, 그다음 세상을 만드는 것은 누구겠는가? 니체가 정신의 세 단계 변화를 말하면서 어린아이의 '놀이'와 '창조'를 중시한 까닭이 바로 여기에 있다.

『선악의 저편』(1886년)

『차라투스트라는 이렇게 말했다』를 쓴 뒤, 니체는 도덕을 비판하는 책을 연달아 출간한다. 바로 아포리즘 형식으로 쓴 『선악의 저편』과 논문 형식으로 쓴 『도덕의 계보학』이다.

도덕 비판은 『차라투스트라는 이렇게 말했다』에도 나오기는 하지만, 그 내용이 중점적으로 펼쳐지지는 않았다. 인류가 지금까지 숭배했던 모든 가치의 전복을 시도했던 니체로서는, 이를 주제로 삼아 구체적으로 다룰 필요가 있었던 것이다. 따라서 이들 세 권의 저서는 전체로서 함께 이해해도 좋다.

『선악의 저편』의 부제는 '미래 철학의 서곡'이다. 비판이라기보다는 미래의 철학에 관해 적극적으로 세시하고 있다고 할까.

게다가 그 주제도 단순히 도덕 문제에만 한정하고 있지 않다. 실제로 니체는 이 책을 더욱 폭넓은 관점으로 다루려 했다. 예를 들면 『이 사람을 보라』에서는 『선악의 저편』을 이렇게 설명한다.

이 책은 본질적인 점에서 근대성에 대한 비판이다. 근대의 과학, 근대의 예술, 그리고 근대의 정치까지도 빼놓지 않았다. 동시에 이 책은 가능한 한 근대적이 아닌 대립적인 전형을 제시하고 있다.

즉, 니체가 '미래 철학'이라고 부른 것은 근대적이지 않은 철학이다. 이러한 점에서 이후의 포스트모던 철학을 예견했다고 할 수 있다.

제목은 어떤가? 니체가 '선악의 저편'이라고 말한 것은 어디까지나 '도덕적' 의미에서 이해된 선악을 초월하라는 뜻이다. 그는 사회가 강요하는 '도덕적'인 판단에서 벗어나 더욱 자유롭게, 독립적으로 생각하라고 권한다.

그렇다면 선악을 초월한 사상은 대체 어떤 것일까? 니체는 그것을 근대적이지 않은 사상이라고 불렀지만, 그것을 구체적으로 묘사하는 말은 하지 않았다. 현대 철학자 들뢰즈는 이러한 니체의 사고를 스피노자의 철학과 결부시켜 '윤리(에티카)'라고 부른다. 다시 말해, 선과 악에 집착하는 도덕(moral)과 선과 악을 초월한 윤리(ethica)를 대비한 것이다. 니체가 제시했던 방향과는 또 따른 의미에서 발전적인 해석이다.

『도덕의 계보학』(1887년)

『도덕의 계보학』은 니체가 후기에 쓴 책으로는 드물게 논문 형식으로 쓰여 있어, 문장을 잘 좇아가면 그가 어떤 메시지를 던지는지 잘 이해할 수 있다. 무엇보다 짧은 책이어서 니체에 입문하는 데에도 적합하다. 들뢰즈나 푸코 등 프랑스 현대철학자들도 중요하게 생각하는 책으로, 오늘날 반드시 읽어야 할 책 가운데 하나다.

니체는 이 책에서 도덕이 어떻게 성립되었는지 그 생성 과정을 살펴본다. 이를 위해 채택한 것이 계보학이라는 학문이다.

계보학은 앞에서도 다루었지만, 유럽에서 굉장히 각광받던 학문이다. 신이나 왕가, 귀족 등의 가계를 조사해 가계도를 만드는 것으로, 전통적인 계보학은 왕이나 귀족들의 현재의 명예를 정당화하기 위한 것이었다. 하지만 니체의 계보학은 오히려 기원을 거슬러 감으로써 그 정당성을 해체한다.

그렇다면 니체가 계보학에서 도덕의 기원으로 내세운 것은 무엇일까? 이 책의 5장에서 자세히 다뤘듯이, 니체는 우리 사회에 통용되는 도덕이 약자들의 르상티망에서 생겨났다고 한다.

원래 사람들 사이에는 물리적으로든 정신적으로든 사회적으로든 '힘'의 차이가 있다. 능력이 뛰어난 사람(강자)이 있다면, 반대로 능력이 떨어지는 사람(약자)도 존재한다. 이때 약자들은 강자에게 힘으로는 대항하지 못하자, 그 대신 자신이 약자라는 것을 정당화하는 명분을 만들어 강자를 끌어내리려고 한다. 니체는 이를 '르상티망'이라는 단어로 설명한다. 원한, 시기, 원망, 반감 등으로 번역되는데, 모두 약자의 질투를 정당화한 것이다.

그런데 역사를 다시금 돌이켜 생각해보면 고대 그리스의 영웅시대처럼 자신의 힘을 긍정하는 강자를 '좋다'고 하고 약자를 '나쁘다'고 하는 시대가 있었다. 그리스 신화 속 반인반신의 영웅 헤라클레스를 한번 떠올려보라.

니체는 이러한 사고관을 '귀족 도덕'이라고 불렀다. 하지만 영웅들이 몰락한 이후에는 기독교와 함께 새로운 시대가 온다. 약자를 선이라고 하고, 반대로 강자를 악으로 부르는 시대가 온 것이다. 바로 니체가 말하는 '노예 도덕'이다. 이러한 노예 도덕을 통해 사회를 지배하고 약자를 지도하는 사람이 바로 수도사들이다.

니체는 이렇게 성립한 도덕을 나약한 집단 본능

에서 생겨났다고 보고 신랄하게 비판한다. 하지만 이러한 도덕은 기독교의 몰락 이후 빠르게 유럽을 지배하게 된다. 나치즘, 파시즘, 공산주의 등 다양한 형태로….

이처럼 기본적으로 니체의 도덕관은 힘의 차이를 인정하는 걸 넘어서, 오히려 그것을 긍정하는 사고를 지니고 있다. 그것을 모델화한 것이 바로 『차라투스트라는 이렇게 말했다』에 나오는 초인이다. 하지만 『도덕의 계보학』에서는 아직 노예 도덕을 대신할 적극적인 본보기는 제시되지 않았다. 비판서라는 목적에 충실했다고 할 수 있다.

『이 사람을 보라』(1908년)

1888년에 집필된 니체의 자서전. '이 사람을 보라'는 원제는 라틴어 '에케 호모(Ecce homo)'에서 가져온 것이다. "보라, 이 사람이다"라는 의미로, 예수가 붙잡혀 십자가형을 받을 때 로마 총독 빌라도가 민중을 향해 외친 말이다. 따라서 '이 사람'은 예수를 가리킨다. 니체는 당연히 이 사실을 인식하면서 자서전의 제목으로 삼은 것이다. 니체의 패러디 정신과 자신감이 유감없이 발휘되는 장면이라 하겠다.

내용을 보면 무엇보다도 그 표현의 강렬함에 감탄하게 된다. 이를테면 서문의 첫머리에서 다음과 같이 말한다.

나는 조만간 지금까지 인류 역사상 가장 어려운 요구를 인류에게 해야만 한다는 생각이 든다. 그래서 반드시 내가 누구인지를 미리 밝혀둬야 할 것 같다.

이 얼마나 대단한 자신감인가! 누군가는 과대망상 같다고 할 수도 있겠지만, 판단은 독자 여러분에게 맡기겠다.

이러한 자신감은 목차를 보면 더욱 선명해진다. 전체적으로는 다음 네 가지 물음에 대해 답변을 풀어내는 형식으로 써 내려가고 있다.

· 나는 왜 이렇게 현명한가.

· 나는 왜 이렇게 영리한가.

· 나는 왜 이렇게 좋은 책을 쓰는가.

· 나는 왜 하나의 운명인가.

이런 제목을 뻔뻔하게 붙일 수 있는 사람은 아마도 니체 말고는 없을 것이다. 주목할 점은 이러한 제목을 통해 한낱 자기자랑을 하는 게 아니라, 자신을 냉철하게 통찰하고 있다는 것이다. 이 책의 존재 덕분에 후대 사람들은 니체의 사적인 생애와 그의 저서에 담긴 뜻을 이해하는 데 귀중한 단서를 얻을 수 있다. 물론 여기서 제시되고 있는 내용은 어디까지나 니체의 자기 이해다. 반드시 그를 추종할 필요는 없지만 그렇다고 무시할 수는 없다. 그렇기에 그의 저서를 읽을 때는 니체가 자기 자신을 어떻게 설명하는지 확인하는 게 좋다.

『힘에의 의지』(1901년)

'권력에의 의지' 또는 '권력 의지'라고도 번역되는 이 책은 니체가 직접 출간한 책이 아니다. 그가 세상을 떠난 후, 여동생 엘리자베스가 중심이 되어 니체가 1880년대에 써서 남긴 원고를 짜깁기해 낸 책으로, 원래 '유고집'으로 부를 만한 작품이었다. 그런데 여동생에 의해 마치 니체가 직접 구상한 책처럼 출간된 것이다.

과거에는 이 책이 니체의 주 저서처럼 자리 잡기도 했지만, 오늘날에는 편집상의 문제로 잘 인정되지 않는다. 따라서 최근의 전집에서는 『힘에의 의지』를 제외하고, 1880년대의 유고로 되돌려놓았다.

엘리자베스는 오빠의 글을 제멋대로 고쳐 본뜻이 왜곡된 책을 만들어냈다고 비난받았다. 그래서 『힘에의 의지』를 니체의 저서로 취급해도 좋을지 아닌지에 관해서는 크게 의견이 나뉜다.

다만 『힘에의 의지』가 전혀 아무런 근거도 없는 위작인가 하면, 반드시 그런 건 아니다. 니체는 실제로 정신을 잃기 전에 '힘에의 의지' 또는 '모든 가치의 전환 시도'라는 제목으로 책을 쓰려고 계획하고 있었다. 그 계획은 제1편 「유럽의 니힐리즘」, 제2편 「최고의 모든 가치 비판」, 제3편 「새로운 가치 정립의 원리」, 제4편 「규율과 육성」으로 이루어져 있었다. 이 부분은 엘리자베스가 편집한 구성과 다르지 않다. 따라서 철학자들 가운데는 『힘에의 의지』를 종종 연구에 사용하는 사람도 있다. 다만 니체는 정신을 잃기 전, 이 책의 집필 계획을 유보했지만 말이다.

우선 제목을 살펴보자. 원래 '의지'라는 개념을 강조한 사람은 쇼펜하우어다. 이를 니체는 '삶에의 의지'라는 형태로 패러디했다. 모든 생명체의 삶에 힘과 권력에 대한 의지를 불어넣고, 그것을 핵심 원리로 삼은 것이다.

제목과 관련에서는 여러 논쟁이 있다. 원어는 '권력(Macht)'라고 되어 있는데, 이 단어에는 '힘'과 함께 정치적인 뉘앙스도 있어 위력이라든가 지배력이라고 번역할 수도 있다. 자연계의 '힘'을 나타낸다면 그대로 '힘(Kraft)'이라는 단어를 쓸 수도 있겠지만(실제로 니체는 이 두 단어를 구별해서 쓴다), 니체는 자연계에서 인간의 정치적 세계까지를 아울러 힘과 힘의 관계가 원리로 작용한다고 생각했다. 그 점까지 고려할 때 '힘에의 의지'라고 번역하면 니체의 정치적인 이미지를 지워버리는 것처럼 느껴진다. 니체는 오히려 인간관계의 추악함을 일부러 강조하려는 의도도 있어 이 단어를 선택한 것이 아닐까.

다만 '권력에의 의지'라는 말에서 풍기는 정치적인 이미지는 나치의 정치 방침을 정당화하는 데 안성맞춤이었다. 그래서 제2차 세계대전 종전 후에 니체에게서 '친 나치'의 이미지를 없애고 올바르게 재평가하고자 할 때 '권력에의 의지'보다 '힘에의 의지'라는 표현이 많이 사용되었다. 중요한 건 이때에도 정치적 뉘앙스를 잊지 않는 것이 중요하다. 여기서는 '힘에의 의지'라는 표현을 사용했지만, 개인적으로는 정치적인 오해까지도 포함해서 전부 니체의 매력이라고 생각하기 때문에 '권력에의 의지'라는 말을 주로 사용

힌다.

　이처럼 편집상의 문제, 정치적인 오해 등 『힘에의 의지』에는 여러 가지 문제가 따라다니기는 하지만, 니체의 사상을 한 권으로 파악하는 데는 도움이 된다. 전문 연구자라면 남아 있는 원고를 연대순으로 읽어 확실히 이해할 수 있으나, 전문가가 아닌 사람은 그렇게 할 시간 여유가 없다. 따라서 현실적으로는 지적받은 문제점을 염두에 두고, 『힘에의 의지』를 읽는 것도 좋지 않을까. 이 책 또한 니체 철학의 보고라는 것은 의심할 여지가 없다.

니체의 마지막 선물

이번이 두 번째 삶일 수 있습니다

초판 1쇄 발행 2023년 3월 30일
초판 2쇄 발행 2023년 5월 30일

지은이 오카모토 유이치로
옮긴이 김윤경

편집 김대한
원서 편집 이토이 가즈오미(糸井一臣)
디자인 studio dot.
마케팅 ㈜에퀴티
제작 ㈜공간코퍼레이션

펴낸이 윤성훈 **펴낸곳** 클레이하우스㈜
출판등록 2021년 2월 2일 제2021-000015호
주소 경기도 파주시 회동길 530-20 402호
전화 070-4285-4925 **팩스** 070-7966-4925 **이메일** clayhouse@clayhouse.kr

ISBN 979-11-981738-4-3 (03190)

클레이하우스㈜가 더 나은 책을 펴낼 수 있도록 의견을 남겨주시거나 오타를 신고해주세요.
QR코드에 접속해 독자 설문에 참여해주신 분께 추첨을 통해 선물을 드리겠습니다.